मशीनिस्ट द्वितीय वर्ष हिंन्दी MCQ

मनोज डोळे

डिजिटाइजेशन समय की मांग है। भविष्य में, प्रशिक्षण को अधिक सुविधाजनक और आसान बनाने के लिए ऑनलाइन इंटरनेट का उपयोग करके औद्योगिक प्रशिक्षण संस्थानों में प्रशिक्षण आयोजित करने की आवश्यकता होगी। एमसीक्यू प्रश्नों के एक सेट वाली ई-पुस्तकें प्रशिक्षुओं को उपलब्ध कराई जाएंगी क्योंकि उन्हें अपने औद्योगिक प्रशिक्षण संस्थानों में होने वाली ऑनलाइन परीक्षाओं की तैयारी के लिए बहुविकल्पीय प्रश्नों एमसीक्यू के अधिक आदी होने की आवश्यकता है।

इन सब बातों को ध्यान में रखते हुए औद्योगिक प्रशिक्षण संस्थान सतारा के प्रशिक्षक श्री मनोज मधुकर डोले ने नई वार्षिक प्रणाली और एनएसक्यूएफ-5 पाठ्यक्रम के अनुसार पुस्तकें लिखी हैं। और उन्होंने प्रशिक्षण को आसान बनाने के लिए सैद्धांतिक मोबाइल ऐप और ब्लॉग बनाए हैं, और इन सभी शैक्षिक सामग्री को विश्व प्रसिद्ध वेबसाइटों Google Play Store, Amazon और Apple Book Store पर डाउनलोड के लिए उपलब्ध कराया है।

पुस्तकों का प्रकाशन माननीय सहसंचालक श्री राजेंद्र घुमे साहेब प्रादेशिक व्यावसायिक शिक्षण व प्रशिक्षण कार्यालय, पुणे द्वारा दिनांक 9/1/2019 को किया गया, इस समय श्री प्रकाश सहगवकर साहब प्राचार्य शासकीय औद्योगिक प्रशिक्षण संस्थान औंध पुणे, श्री तुकाराम मिसाल साहेब प्राचार्य सरकार प्र. संस्था सतारा, श्री सचिन धूमल साहब जिला व्यावसायिक शिक्षा एवं प्रशिक्षण अधिकारी सतारा, श्री यतिन परगांवकर साहब प्राचार्य शासन. Q. संस्था कोल्हापुर, श्री विकास टेक साहब इंस्पेक्टर वोकेशनल एजुकेशन एंड ट्रेनिंग रीजनल ऑफिस पुणे, पालेकर फूड्स प्रोडक्ट्स प्रा. लि. सतारा के उद्यमी अध्यक्ष श्री नीलकंठराव पालेकर साहब, हीरा फूड्स के अध्यक्ष श्री इब्राहिम बाबा तंबोली साहब, श्रीमती शाल्मली पवार मुख्याध्यापिका शासकीय तकनीकी विद्यालय केंद्र सतारा सहित अन्य गणमान्य व्यक्ति इस अवसर पर उपस्थित थे।

क्रम-सूची

प्रस्तावना

मशीनिस्ट द्वितीय वर्ष हिंन्दी MCQ आईटीआई इंजीनियरिंग कोर्स लिफ्ट और एस्केलेटर मैकेनिक, द्वितीय वर्ष, में संशोधित एनएसक्यूएफ पाठ्यक्रम के लिए एक सरल ई-बुक है, इसमें रेखांकित और बोल्ड सही उत्तरों के साथ वस्तुनिष्ठ प्रश्न शामिल हैं एमसीक्यू सभी को कवर करता है कटिंग टूल्स, मिलिंग ऑपरेशन जैसे बोरिंग, गियर कटिंग, स्पलाइन, बेसिक इलेक्ट्रिकल उपकरण और सेंसर, सीएनसी टर्निंग ऑपरेशन, सीएनसी मिलिंग ऑपरेशन, ऑपरेशन और पार्ट प्रोग्रामिंग, साधारण मरम्मत और रखरखाव कार्य, कुछ की मशीनिंग के बारे में नवीनतम और महत्वपूर्ण विषयों सहित सभी विषय। जटिल घटक जैसे बेवल गियर, प्लेट घटक, वर्म व्हील, वर्म थ्रेड, और बहुत कुछ।

हम प्रत्येक नए संस्करण के साथ नए प्रश्न उत्तर जोड़ते हैं। किसी भी त्रुटि/चूक के मामले में कृपया हमें ईमेल करें। यह यकीनन सभी इंजीनियरिंग बहुविकल्पीय प्रश्नों और उत्तरों के लिए सबसे बड़ी और सर्वश्रेष्ठ ई-बुक है।

एक छात्र के रूप में आप इसे अपनी परीक्षा की तैयारी के लिए उपयोग कर सकते हैं। यह ई-पुस्तक प्रोफेसरों के लिए सामग्री को ताज़ा करने के लिए भी उपयोगी है।

भूमिका

डीजीईटी नई दिल्ली और सीएसटीएआरआई कोलकाता अगस्त 2018 सत्र से आईटीआई में सभी व्यवसायों के लिए एक वार्षिक पैटर्न लागू कर रहे हैं। परीक्षा प्रणाली में भी बदलाव किया जाएगा और यह इस साल से ऑनलाइन हो जाएगी और चूंकि सभी प्रश्न वस्तुनिष्ठ प्रकार (एमसीक्यू) के हैं, इसलिए प्रशिक्षुओं को गहन अध्ययन की सख्त जरूरत है। इसे ध्यान में रखते हुए हमें पुराने NIMI पैटर्न पर आधारित पुस्तकें और नए वार्षिक पैटर्न का संपूर्ण अवलोकन प्रस्तुत करते हुए प्रसन्नता हो रही है, और हम आशा करते हैं कि ये पुस्तकें सभी व्यावसायिक निदेशकों और प्रशिक्षुओं के लिए एक मार्गदर्शक होंगी। है।

इन पुस्तकों को लिखने के लिए आईटीआई अकलुज के प्राचार्य जोहर अवाटे साहब ने कहा। आईटीआई सतारा सहगवकर साहब के पूर्व प्राचार्य, सहायक निदेशक श्री चंद्रकांत ढेकने साहेब क्षेत्रीय व्यावसायिक शिक्षा एवं प्रशिक्षण कार्यालय, पुणे, जिला व्यावसायिक शिक्षा एवं प्रशिक्षण अधिकारी सचिन धूमल साहेब एवं प्रधानाध्यापक शासकीय तकनीकी विद्यालय केन्द्र शाल्मली पवार मैडम एवं पुत्र अधिराज डोले, माता कुसुम डोले , मैं अपने पिता मधुकर डोले और पत्नी अश्विनी डोले को समय-समय पर उनके विशेष मार्गदर्शन और सहयोग के लिए बहुत आभारी हूं।

साथ ही, बहुत ही कम समय में श्री राजेन्द्र घुमे साहेब, संयुक्त निदेशक, व्यावसायिक शिक्षा और प्रशिक्षण क्षेत्रीय कार्यालय, पुणे द्वारा पुस्तक के प्रकाशन में उनके अमूल्य समय के लिए पुस्तक की समीक्षा की गई। मैं उनकी प्रतिक्रिया के लिए हृदय से आभारी हूँ।

पुस्तक लिखने की शुरुआत से ही निरंतर समर्थन के लिए मैं आईटीआई सतारा के प्रशिक्षक का आभारी हूं।

इस पुस्तक से, मैं खुद को धन्य मानता हूं कि मैंने आपके साथ ई-लर्निंग पर अपने विचार साझा किए। मैं यह दावा नहीं करूंगा कि यह पुस्तक पूर्ण है, क्योंकि पूर्णता को देखते हुए यह पुस्तक एक प्रयास है और अपनी शैशवावस्था में है। यदि उनका परीक्षण और सुझाव दिया जाए तो वे सुधार के लिए मूल्यवान होंगे।

मनोज डोले

दिनांक 9/1/2019

पावती (स्वीकृति)

21वीं सदी में औद्योगिक क्षेत्र में तेजी से बढ़ती मांग के अनुरूप बहु-कुशल कारीगरों की आपूर्ति के लिए व्यावसायिक शिक्षा और प्रशिक्षण विभाग के माध्यम से व्यावसायिक शिक्षा और प्रशिक्षण विभाग के माध्यम से व्यावसायिक शिक्षा और प्रशिक्षण प्रदान किया जाता है। संस्थानों के भीतर सभी व्यवसाय महत्वपूर्ण हैं, क्योंकि इन व्यवसायों के प्रशिक्षु उद्योग की मांगों के अनुसार बहु-कौशल विकसित करते हैं।

सभी व्यवसायों के लिए उपयुक्त एमसीक्यू ई-पुस्तकें उपलब्ध कराने के नेक इरादे से, यह देखते हुए कि औद्योगिक क्षेत्र के सभी उद्योगों में सभी परीक्षाएं ऑनलाइन आयोजित की जाती हैं और इसमें एमसीक्यू पद्धति के प्रश्न शामिल होते हैं। श्री मनोज मधुकर डोले ने नए वार्षिक पाठ्यक्रम के अनुसार एमसीक्यू पद्धति पर एक बहुत अच्छी ई-बुक लिखी है। यह ई-पुस्तक निश्चित रूप से सभी प्रशिक्षुओं, प्रशिक्षु उम्मीदवारों, प्रशिक्षण प्रशिक्षकों और अन्य संबंधितों के लिए एक मार्गदर्शक होगी।

पुस्तक के लेखक श्री मनोज मधुकर डोले, इंस्ट्रक्टर गॉव आईटीआई सतारा को 17 साल का प्रशिक्षण अनुभव है। एक नए वार्षिक पैटर्न के रूप में लिखी गई, यह ई-बुक प्रत्येक विषय के लिए लेआउट, सरल भाषा और सरल सिंटैक्स, आरेख और वीडियो को समझने के लिए आधुनिक डिजिटल क्यूआर कोड तकनीक को शामिल करती है। इसलिए मुझे विश्वास है कि यह ई-पुस्तक निश्चित रूप से गहन अध्ययन और परीक्षा अभ्यास के लिए उपयोगी होगी। उन्होंने जो कार्य किया है वह निश्चित रूप से काबिले तारीफ है।

श्री तुकाराम मिसाल
प्राचार्य शासकीय औद्योगिक प्रशिक्षण संस्था सातारा.

आमुख

हमारे औद्योगिक प्रशिक्षण संस्थानों की औद्योगिक प्रशिक्षण और सैद्धांतिक परीक्षा प्रणाली और इन परिवर्तनों को शिल्प प्रशिक्षकों और प्रशिक्षुओं द्वारा स्वीकार किया गया है। आपके औद्योगिक प्रशिक्षण संस्थानों में आयोजित सैद्धांतिक परीक्षाएं भी ऑनलाइन आयोजित की जाती हैं। चूंकि ये परीक्षाएं बहुविकल्पीय एमसीक्यू पद्धति की हैं, इसलिए प्रशिक्षुओं को ऐसे प्रश्नों का अधिक अभ्यास करने की आवश्यकता होगी।

इन सब बातों को ध्यान में रखते हुए श्री मनोज मधुकर, निदेशक, डोले क्राफ्ट्स, कटारी औद्योगिक प्रशिक्षण संस्थान, सतारा, ने नई वार्षिक प्रणाली और NSQF-5 के अनुसार, गहन अध्ययन किया है और अपनी मेहनत से और अपनी गहरी बुद्धि को जोड़ा है। पाठ्यक्रम, कटारी और अन्य मशीन ट्रेडों की ई-बुक। -बुक) और उन्होंने प्रशिक्षण को आसान बनाने के लिए सैद्धांतिक विषयों पर मोबाइल ऐप और ब्लॉग बनाए हैं और इन सभी शैक्षिक सामग्री को विश्व प्रसिद्ध वेबसाइटों Google Play Store, Amazon और Apple Book Store पर डाउनलोड के लिए उपलब्ध कराया है। प्रिंट संस्करण बनाकर और क्यूआर कोड जैसी उन्नत तकनीकों का उपयोग करके प्रशिक्षण को आसान बना दिया गया है।

ये सभी शैक्षिक सामग्री निश्चित रूप से सभी प्रशिक्षुओं के लिए गहन अध्ययन के लिए और शिल्प प्रशिक्षकों और अन्य संबंधितों के लिए एक मार्गदर्शक होगी जो व्यावसायिक प्रशिक्षण प्रदान कर रहे हैं।

1

मशीनिस्ट द्वितीय वर्ष हिंन्दी QR Code Images

Download App
Online Test Exam
ITI Books
AutoCAD CAM
JOB & Apprentice
Online Theory
Computer Course
Trading Course
CNC Course
MSCIT Course
Shopping Business
Internet Business
Web Designing
Online Services
Top Sportsmans
Indian Army
Freedom Fighters
Top Scientists
Social Reformers
Motivational Speaker
Top Richest People
Join WhatsApp Group
Join Facebook Group
Like Facebook Page
PAN / Adhar / Licence
Passport

Fire extinguisher

Calliper

Hacksaw frame

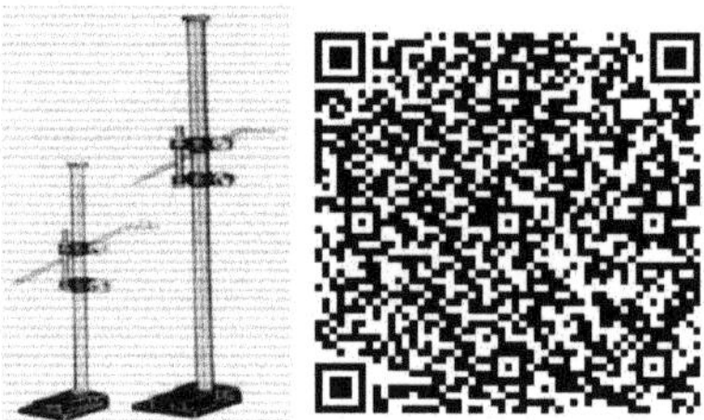

Universal surface guage

Hammer

Centre punch

Bench vice

Files

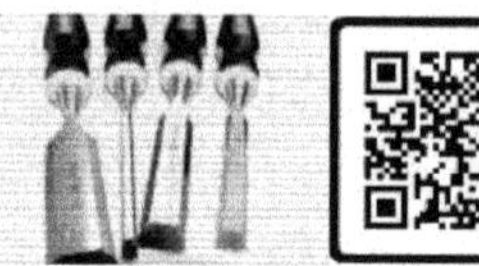

Scraper

Surface Plate

Outside Micrometer

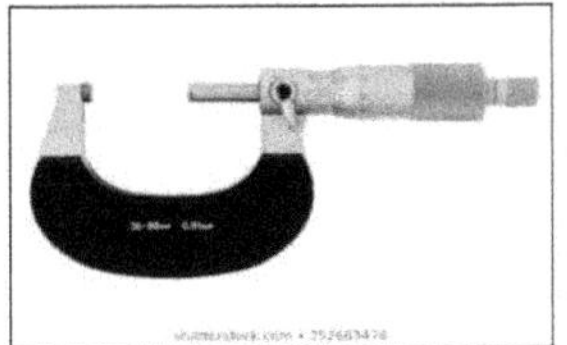

Micrometer

Depth micrometer

Vernier Calliper

www.itibook.blogspot.com www.itiapp.blogspot.com www.ititests.blogspot.com

www.itibook.com

Vernier bevel protractor

Drilling

Reamer

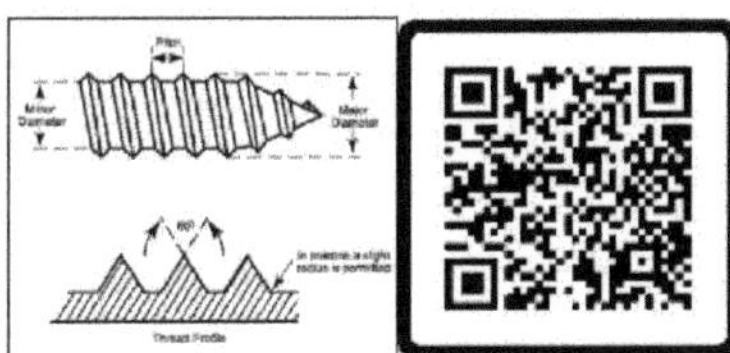

Thread

Tap Die

Grinding Wheel

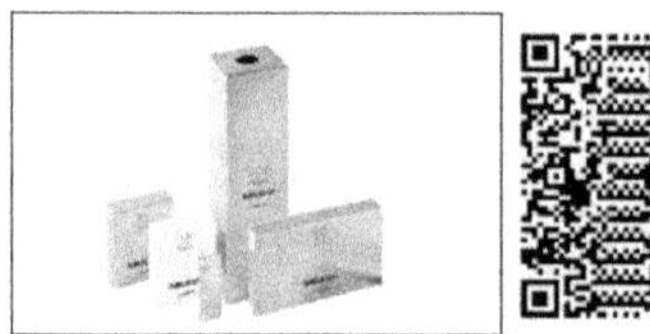

Slip gauge

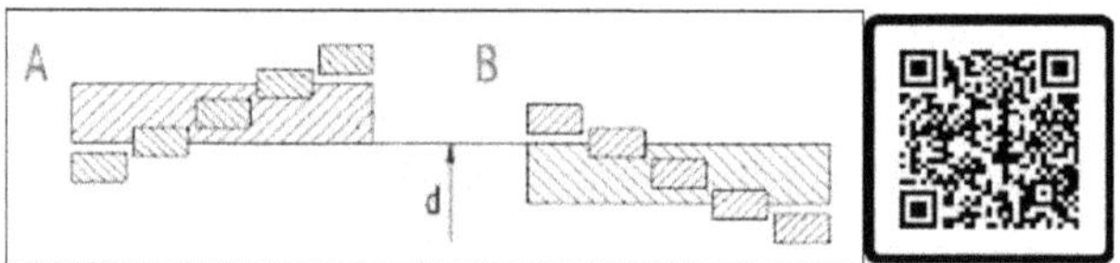

Limit fit tolerance

Lathe Machine

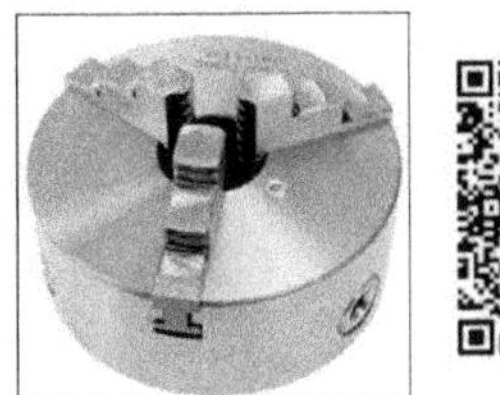

Lathe chuck

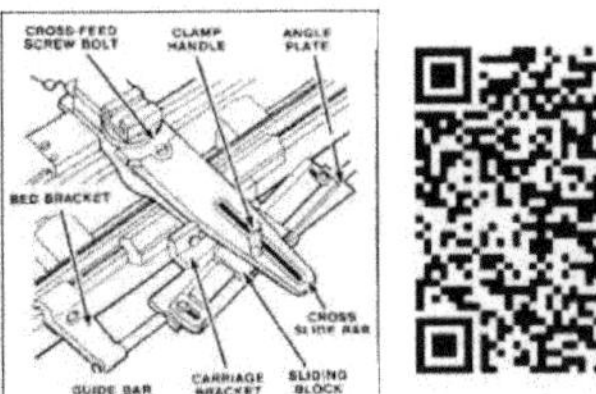

Taper turning attachment

taper ring gauge

screw pitch gauge

Gear

screw pitch gauge

Tap Die

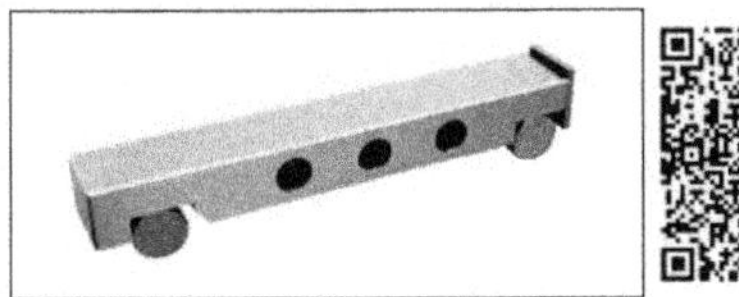

Sine bar

Slip gauge

Dial test indicator

Telescopic gauge

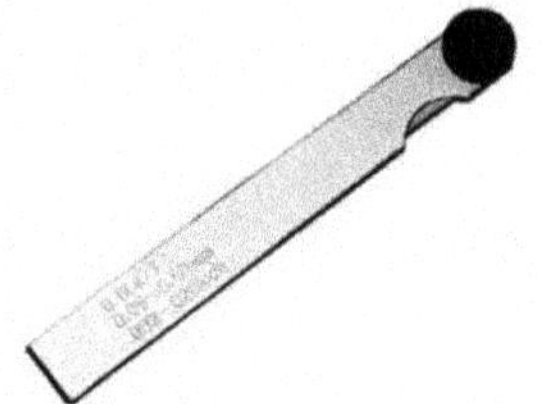

Feeler gauge

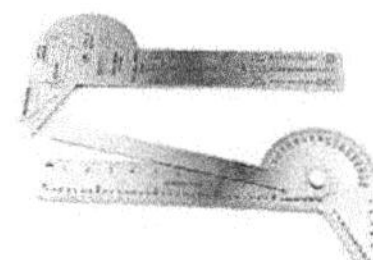

Centre gauge

Jig

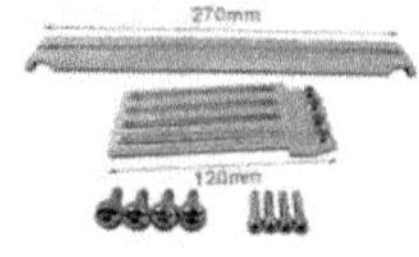

Fixture

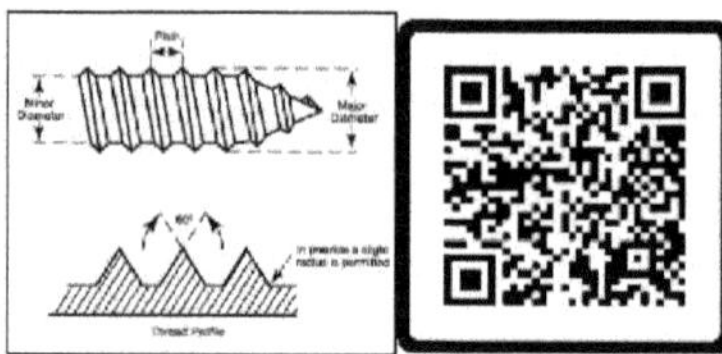

Thread

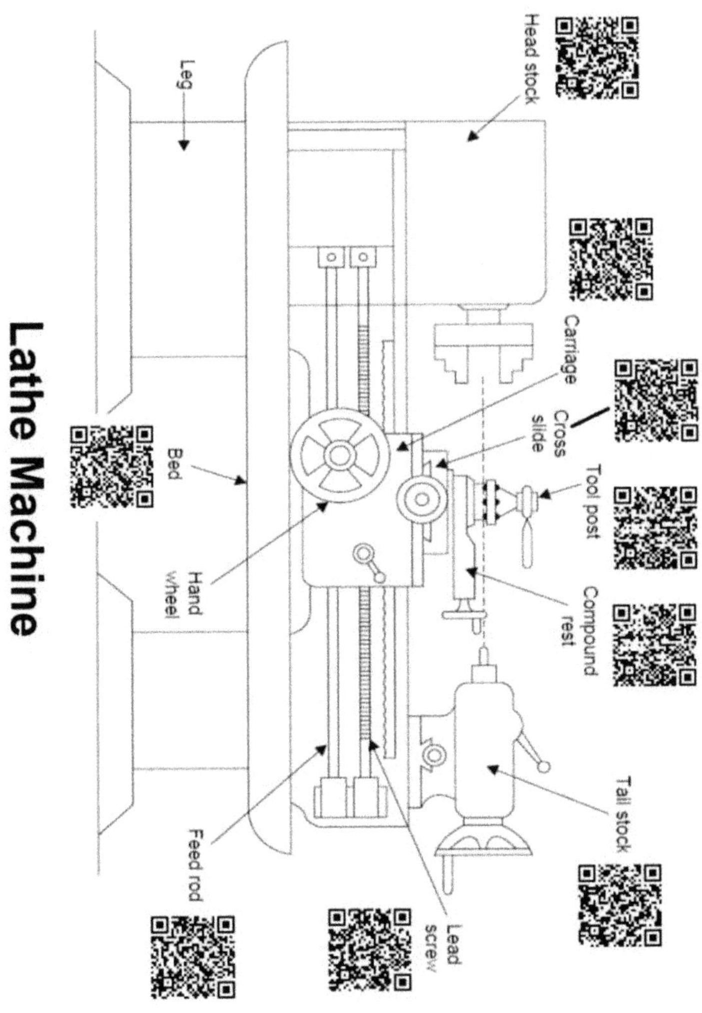
Lathe Machine
Head stock
Carriage
Cross slide
Tool post
Compound rest
Tail stock
Lead screw
Feed rod
Hand wheel
Bed
Leg

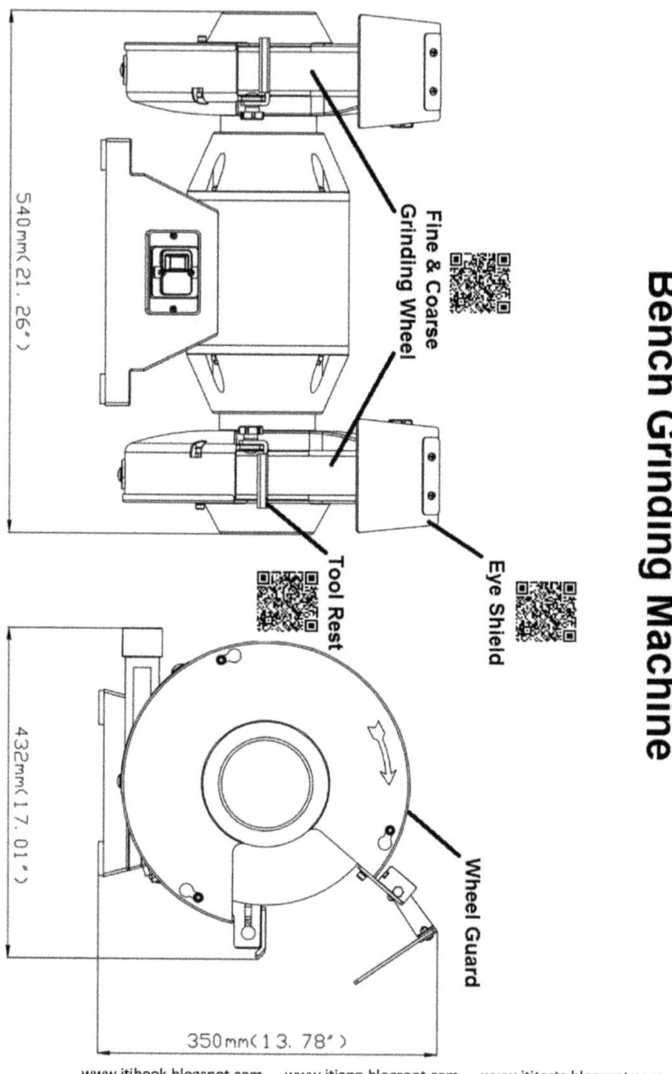
Bench Grinding Machine
Fine & Coarse Grinding Wheel
Eye Shield
Tool Rest
Wheel Guard
540mm(21.26")
432mm(17.01")
350mm(13.78")

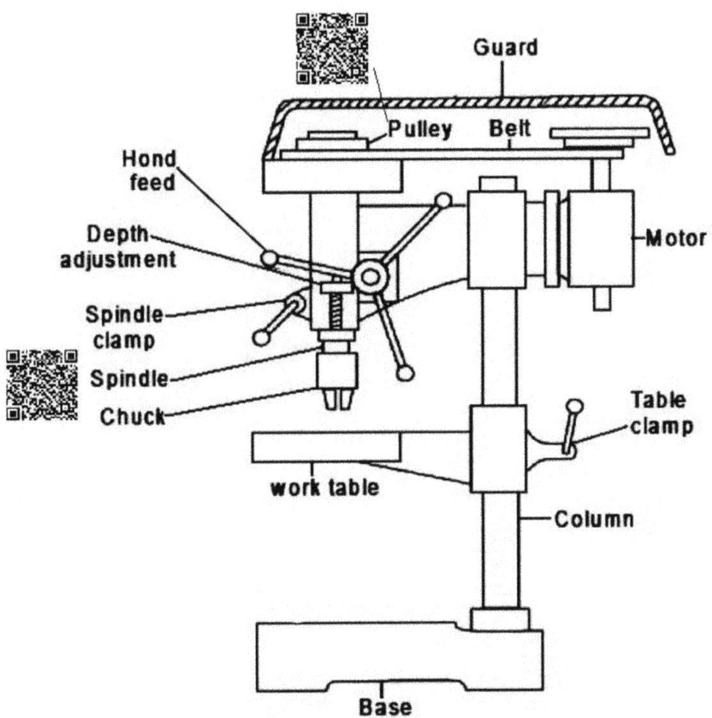

Piller Drilling Machine

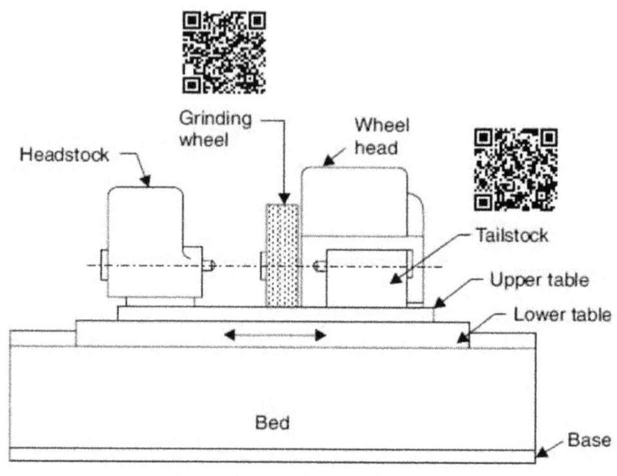

plain cylindrical grinder

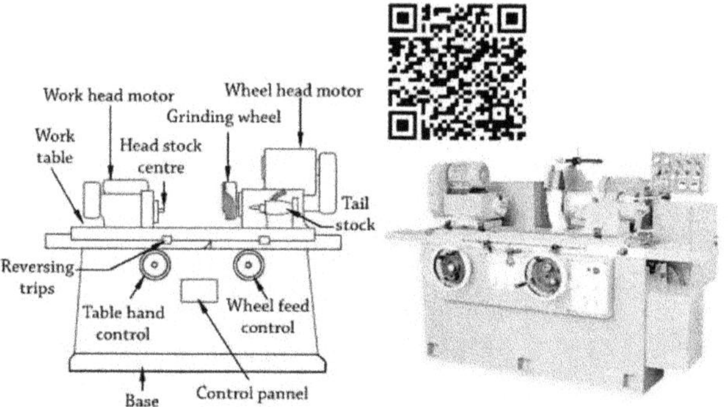

Cylindrical grinding machine

To study Different operations and parts of Surface Grinding Machine

SURFACE GRINDER

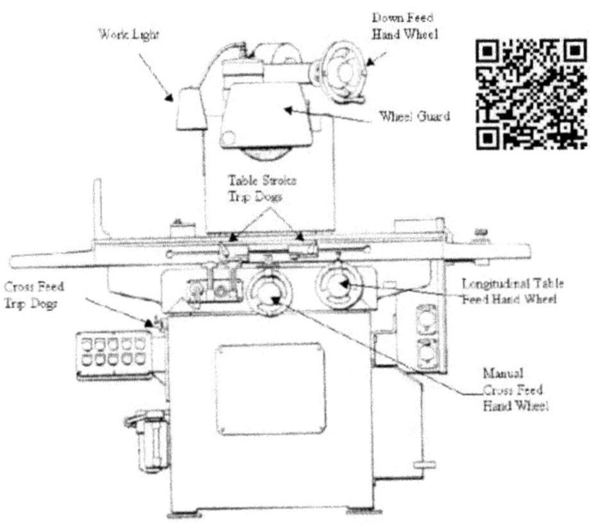

Surface grinding is used to produce a smooth finish on flat surfaces. It is a widely used abrasive machining process in which a spinning wheel covered in rough particles (grinding wheel) cuts

PLAIN OR HORIZONTAL MILLING MACHINE

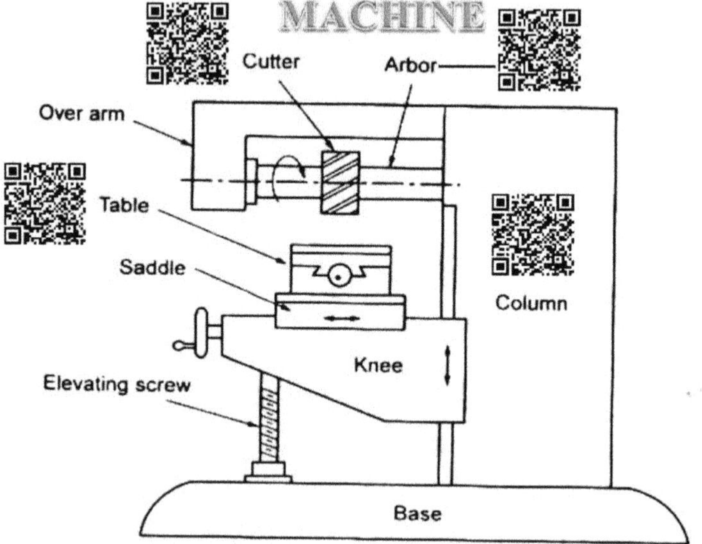

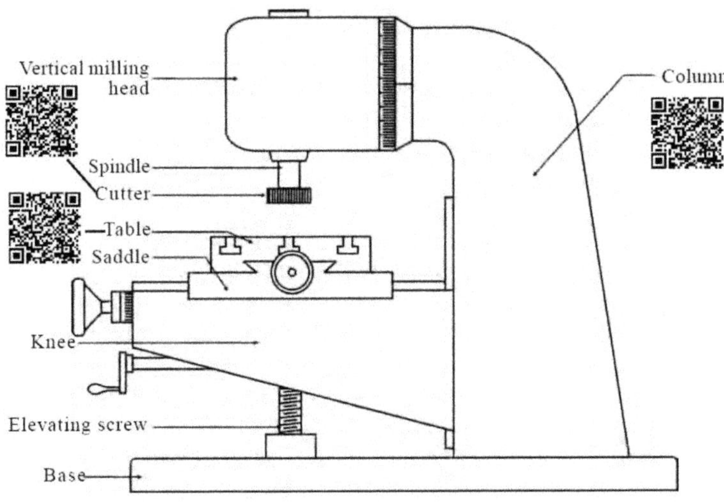

Vertical Milling Machine

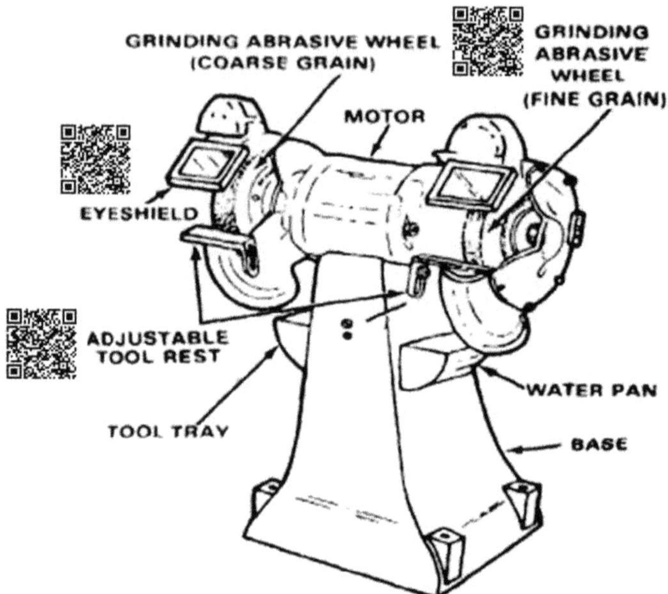

Pedastal Grinding Machine

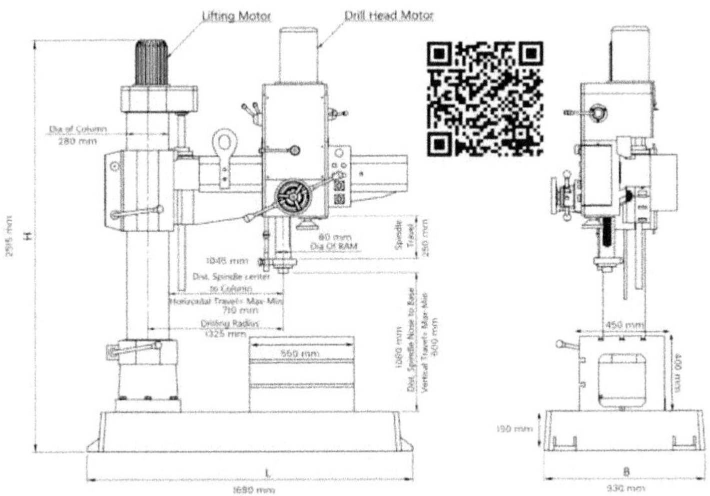

Radial Drilling Machine

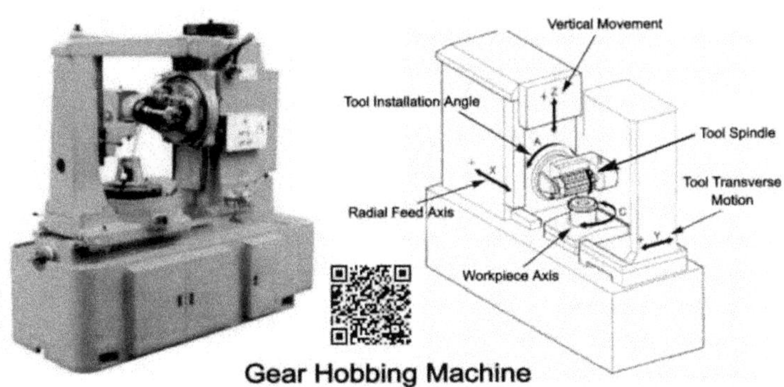

Gear Hobbing Machine

DOUBLE HOUSING PLANER

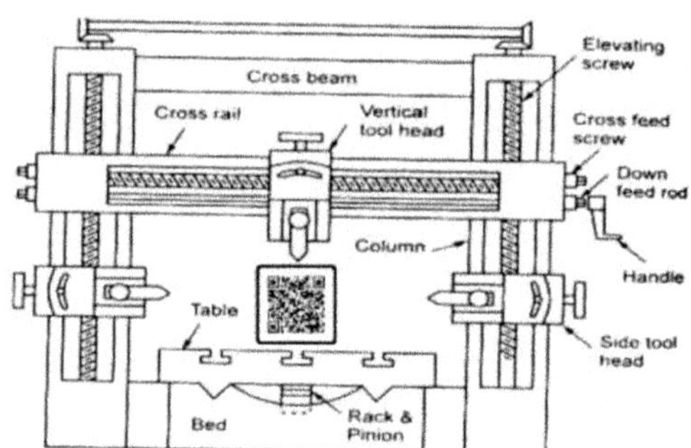

PIT PLANER

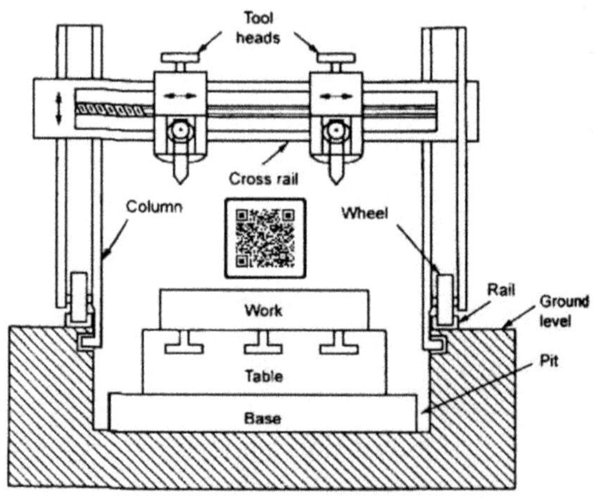

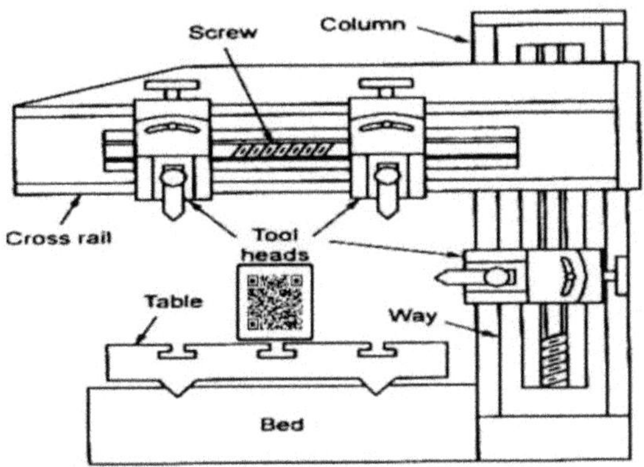

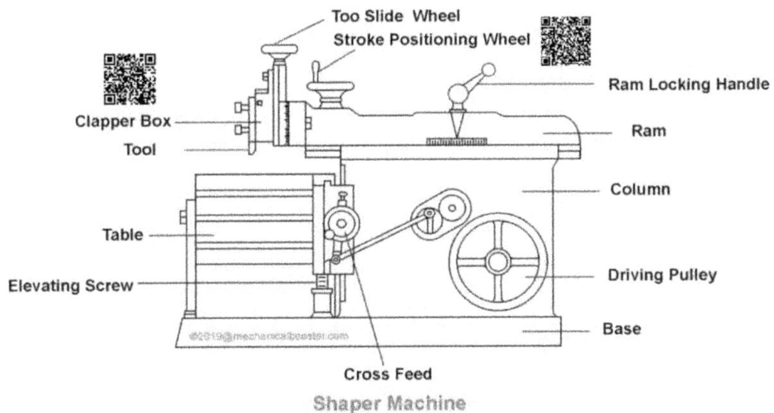

Shaper Machine

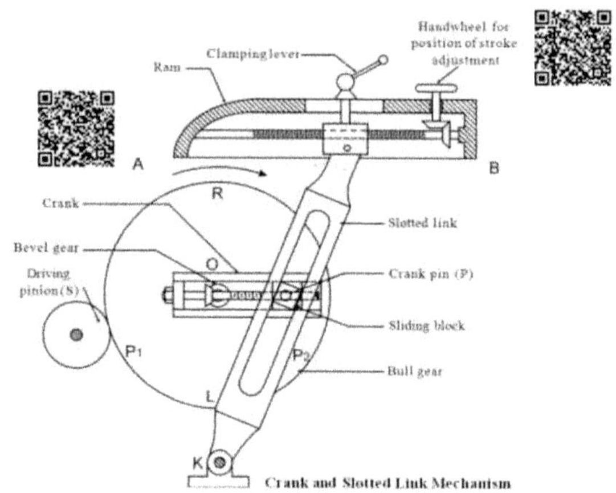

Quick Return Mechanism of Shaper Machine

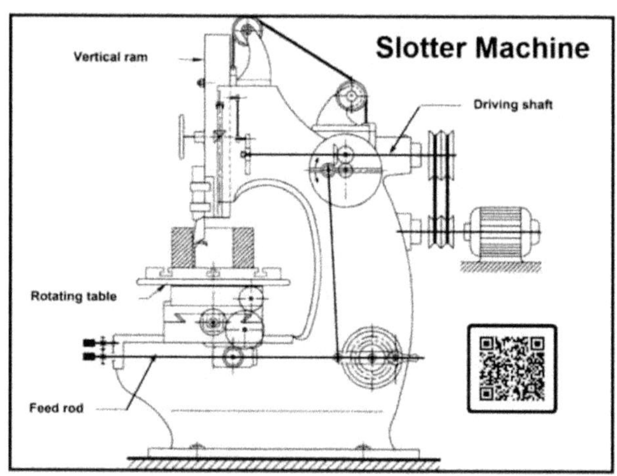

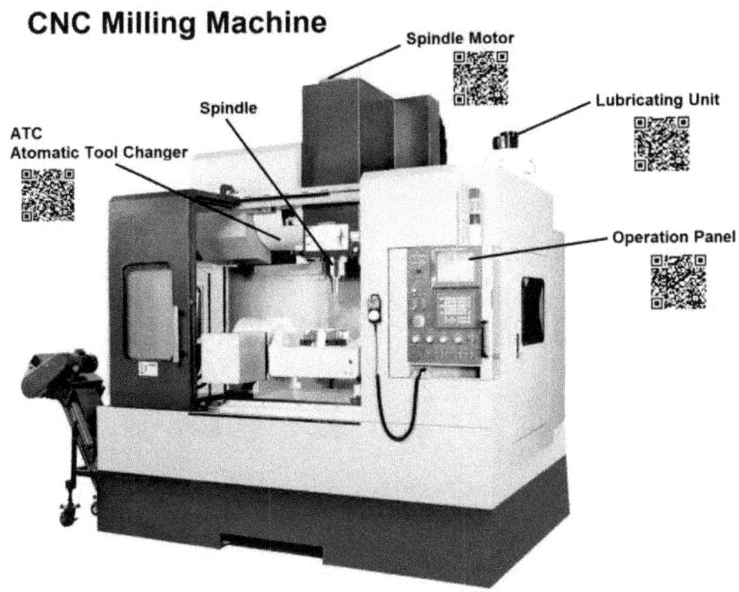

CNC Machine Lubrication

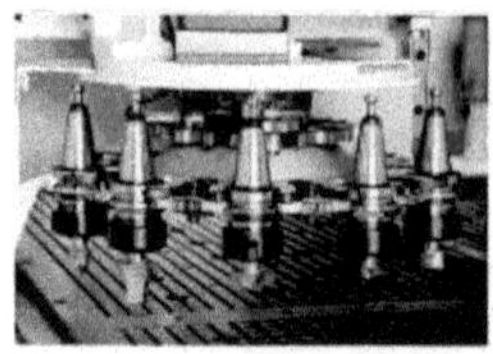

ATC Automatic Tool Changer Animation & Video

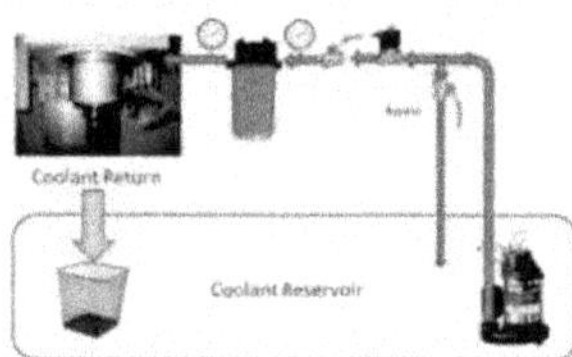

CNC Coolant Pump Animation & Video

2

मशीनिस्ट द्वितीय वर्ष हिंन्दी MCQ

<u>गहराई माइक्रोमीटर</u>

01] एक गहराई माइक्रोमीटर की न्यूनतम गणना ----------- मीट्रिक प्रणाली में होती है

ए] 1 मिमी

बी] 0.001 मिमी

सी] 0.0001 मिमी

<u>डी] 0.01 मिमी</u>

02] डेप्थ माइक्रोमीटर के स्पिंडल की पिच -------- मीट्रिक पिच में होती है]

ए] 0.01 मिमी

बी] 0.02 मिमी

सी] 0.3 मिमी

<u>डी] 0.5 मिमी</u>

<u>गेजकेप्रकार</u>

03] निम्नलिखित में से कौन सा कथन सही है?‘

<u>ए] गेजकाउपयोगआकारकीजांचकेलिएकियाजाताहै</u>

बी] आकार को चकने के लिए टेम्पलेट का उपयोग किया जाता है

सी] गेज का उपयोग आकार मापने के लिए किया जाता है

डी] गेज का उपयोग घटक के आकार की जांच के लिए किया जाता है

04] सेक्शन में गेज को किस मानक तापमान पर रखा जाता है?

ए] 100 सी

<u>बी] 20 डिग्रीसेल्सियस</u>

सी] 100 एफ

डी] 20 डिग्री फारेनहाइट

slip gauge 3 Slip Gauge

05] वर्कशॉप में आमतौर पर किस ग्रेड के स्लिप गेज का इस्तेमाल किया जाता है?
ए] ग्रेड 0
बी] ग्रेड एल
सी] ग्रेड एच
डी] ग्रेड 0
06] टेपर की शुद्धता की जांच आम तौर पर किसके माध्यम से की जाती है?
ए] टेपरगेज
बी] गेज ब्लॉक
सी] संकेतक और ऊंचाई गेज
07] बाहरी टेपर की जाँच की जाती है
ए] प्लग गेज सीमित करें
बी] टेपर रिंग गेज
सी] टेपर प्लग गेज
डी] थ्रेड प्लग गेज]
08] थ्रेडिंग टूल्स को 60◦ कोण की सटीकता के लिए a . का उपयोग करके जांचा जाता है
ए] थ्रेड प्लग गेज
बी] केंद्रगेज
सी] पेंच पिच गेज
डी] उपकरण कोण गेज
09] प्रति इंच धागों की संख्या की जाँच a . से की जा सकती है
ए] टूल गेज
बी] गिनती द्वारा मीट्रिक नियम
सी] रिंग गेज
डी] पेंचपिचगेज

screw pitch gauge Screw Pitch Gauge

10] टेपर की शुद्धता की जांच आमतौर पर किसके माध्यम से की जाती है?
ए] <u>टेपरगेज</u>
बी] गेज ब्लॉक
सी] संकेतक और ऊंचाई गेज
11] बाहरी टेपर की जाँच की जाती है
ए] प्लग गेज सीमित करें
<u>बी] टेपर रिंग गेज</u>
सी] टेपर प्लग गेज
डी] थ्रेड प्लग गेज]

Telescopic gauges Teliscopic Gauge

12] टेलीस्कोपिक गेज का उपयोग छेद और स्लॉट को मापने के लिए किया जाता है]
ए] 10 मिमी से 100 मिमी . तक
बी] 12 मिमी से 152 मिमी . तक
सी] 12.7 मिमी से 152.4 मिमी . तक
डी] उपरोक्त में से कोई नहीं]
13] छोटे छेद वाले गेज का उपयोग छेद और स्लॉट को मापने के लिए किया जाता है]
ए] 10 मिमी . से नीचे
बी] 12.7 मिमी . से नीचे
सी] 20 मिमी . से नीचे

डी] 20.7 मिमी से नीचे]

14] संख्या ड्रिल श्रृंखला के एक सेट में निम्नलिखित श्रेणियों में अभ्यास शामिल हैं] सही श्रेणी का संकेत दें

ए] 1 से 40

बी] 1 से 50

सी] 1 से 80

डी] 1 से 100

15] फीलर गेज का प्रयोग किया जाता है...

ए] सतह खुरदरापन की जाँच करना

बी] वर्कपीस की रेडियस की जांच

सी] संभोगभागोंकेबीचकीखाईकीजाँचकरना

डी] होल लोकेटर की सटीकता की जांच

16] आम तौर पर गेज से बने होते हैं

ए] निकलक्रोमियम

बी] हल्के स्टील

सी] कास्ट स्टील

डी] एचएसएस

17] आम तौर पर गेज का उपयोग किया जाता है

ए] बड़ेपैमानेपरउत्पादन

बी] घटकों को मापना

सी] व्यक्तिगत घटक

डी] आयामी सटीकता की जांच

centre gauge 3 Gauges

18] एक केंद्र गेज का प्रयोग किया जाता है

ए] धागे की पिच की जांच करें

बी] उपकरणकोसहीकेंद्रऊंचाईपरसेटकरें

सी] धागे के फिट की जांच करें

डी] थ्रेडिंग टूल के कोण की जांच करें

19] एक मीट्रिक सेंटर गेज का कोण होता है

ए] 55◦

बी 60◦

सी] 47.5◦

डी] 29◦

20] अटैचमेंट उपयोगी है जिसमें लाइट मशीनिंग शामिल है।

ए] गियरकाटनेकालगाव

बी] गोलाकार मोड़ लगाव

सी] लगाव से राहत]

डी] उपरोक्त में से कोई नहीं

कटर पीस

21] निम्न में से कौन सा सेंटर ग्राइंडिंग का लाभ नहीं है?

ए] लोडिंग और अनलोडिंग के दौरान दुःख के टुकड़े को आसानी से संभालना

बी] लंबे काम के टुकड़ों को संभालना

सी] शाफ्ट और भंगुर काम के टुकड़े दोनों को संभाला जा सकता है

डी] कमपीसनेकीगति

22] सीधी भूमि की सतह को उपकरण और कटर ग्राइंडर द्वारा काटा जाता है -----------------

ए] सादा पहिया

बी] कपव्हील

सी] शंक्वाकार पहिया

डी] डिस्क व्हील

23] अनियमित, घुमावदार, पतला, उत्तल और अवतल सतहों को पीसने में, प्रयुक्त ग्राइंडर ~ . है

ए] बेलनाकार ग्राइंडर

बी] आंतरिक चक्की

सी] सतह की चक्की

डी] टूलऔरकटरग्राइंडर]

24] मिलिंग कटर/ड्रिल/हॉब्स/ब्रोच टूल को शार्प करने के लिए किस प्रकार की ग्राइंडिंग मशीन का उपयोग किया जाता है?

ए] चकिंग]

बी] उपकरणऔरकटर

सी] केंद्र कम

डी] बेंच

25] मिलिंग कटर को तेज करने के लिए टूल और कटर ग्राइंडर पर किस प्रकार के ग्राइंडिंग व्हील का उपयोग किया जाता है?

ए] सीधे कप व्हील

बी] जगमगाताहुआकपपहिया

सी] डिश व्हील

डी] तश्तरी पहिया

Grinding wheels bench grinder-wheel

26] .... का उपयोग मुख्य रूप से मिलिंग कटर और रीमर को तेज करने के लिए टूल और कटर ग्राइंडर पर किया जाता है

ए] सीधे कप

बी] हारिंगकप

सी] डिशो

डी] दोनों पक्षों को रिकवर किया

27] कटर पीसने के लिए हीरे के पहिये का उपयोग करते समय, 1600/मिमी की एक पहिया गति की सिफारिश की जाती है] कट की गहराई क्या होनी चाहिए?]

ए] 0.005-0.025 मिमी

बी] 0.025-0.04 मिमी

सी] 0.04-0.05 मिमी

डी] 0.05-0.05 मिमी

28] निम्नलिखित में से कौन सी सटीक पीसने की मशीन है?

ए] पेडस्टल पीसने की मशीन

सी] बेलनाकारसतहऔरउपकरणऔरकटरपीसनेकीमशीन

बी] बेंच पीसने की मशीन

डी] हाथ पीसने की मशीन

29] TOOL और कटर को ---------- द्वारा पुन: आकार दिया जाता है

ए] सतह पीसने की मशीन

बी] उपकरणऔरकटरपीसनेकीमशीन

सी] बेलनाकार पीसने की मशीन

डी] रोटरी पीसने की मशीन

30] एक उपकरण और कटर ग्राइंडर के उस हिस्से का नाम बताइए जिस पर व्हील हेड लगाया जा रहा है]

ए] बेस

बी] सैडल

<u>सी] कॉलम</u>

डी] टेबल

31] दोषपूर्ण केंद्र छिद्रों के कारण होने वाली त्रुटि __________ के संचालन से समाप्त हो जाती है

ए] सतह की चक्की

<u>B] सेंटर-लेसग्राइंडर</u>

सी] टूल और कटर ग्राइंडर

डी] बेलनाकार ग्राइंडर

32] सेंटर लेस ग्राइंडिंग में वर्कपीस किस पर टिका होता है -----

ए] चक का केंद्र

बी] फेस प्लेट

<u>सी] आरामब्लेड</u>

डी] इनमें से अली

33] मिलिंगटूल्स को शार्प करने के लिए किस प्रकार की ग्राइंडिंग मशीन का उपयोग किया जाता है?

ए] चकिंग]

<u>बी] उपकरणऔरकटर</u>

सी] केंद्र कम

डी] बेंच

34] टूल और कटर ग्राइंडर में मिलिंग कटर को फिर से शार्प करने के लिए कौन सा ग्राइंडिंग व्हील उपयुक्त आकार का है?

ए] .35 पीस व्हील का आकार पीस

बी] पीस व्हील का 46 ग्रिट आकार

<u>C] ग्राइंडिंगव्हीलका 60 ग्रिटआकार</u>

डी] ग्राइंडिंग व्हील का 80 ग्रिट आकार

<u>गहराईमाइक्रोमीटर</u>

Depth micrometer 2 Depth Micrometer

35] गहराई माइक्रोमीटर की न्यूनतम संख्या है

ए] 0.5 मिमी

बी] 0.2 मिमी

सी] 0.001 मिमी

डी] 0.01 मिमी

36] एक माइक्रोमीटर में 0.02 मिमी की सकारात्मक त्रुटि होती है] जब माइक्रोमीटर 25.41 मिमी मापता है तो सही रीडिंग क्या होती है?

ए] 25.37 मिमी

बी] 25.39 मिमी

सी] 25.43 मिमी

डी] 25.45 मिमी

37] निम्नलिखित में से किस माइक्रोमीटर में थिम्बल और स्लीव पर ग्रेजुएशन बाहरी माइक्रोमीटर के विपरीत दिशा में होते हैं?

ए] माइक्रोमीटर के अंदर

बी] गहराईमाइक्रोमीटर

सी] ट्यूब माइक्रोमीटर

डी] निकला हुआ किनारा माइक्रोमीटर

38] माइक्रोमीटर __________ के सिद्धांत पर कार्य करता है

एक पेंच

बी] बोल्ट

सी] अध्ययन

डी] नटऔरपेंच

39] अंदर के सबसे छोटे माइक्रोमीटर में स्लीव पर ग्रेजुएशन अंकित होता है

ए] 10 मिमी

बी] 12 मिमी

सी] 13 मिमी

डी] 25 मिमी

40] डेप्थ माइक्रोमीटर का ग्रेजुएशन ---------- होता है

ए] थिम्बलऔरस्लीवदोनोंकेबाहरीमाइक्रोमीटरकेविपरीतदिशामें

बी] केवल आस्तीन के विपरीत दिशा में

C] केवल थिम्बल पर विपरीत दिशा में

डी] बाहरी माइक्रोमीटर के समान

41] स्प्लिन आदि काटने के लिए उपयोगी।

ए] गियरकाटनेकालगाव

बी] गोलाकार मोड़ लगाव

सी] लगाव से राहत]

डी] उपरोक्त में से कोई नहीं

42] मेटिंग गियर्स के प्रतिच्छेदन कुल्हाड़ियों के बीच का कोण।

ए] परिशिष्ट कोण

बी] डेडेनडर्न कोण

सी] शाफ्टकोण

डी] मूल कोण

43] दांत के स्थान की धुरी और मूल सतह के बीच का कोण।

ए] परिशिष्ट कोण

बी] डेडेनडर्न कोण

सी] शाफ्ट कोण

डी] मूलकोण

44] पिच कोन जनरेटर और दांत की नोक की सतह के बीच का कोण।

ए] परिशिष्टकोण

बी] डेडेनडर्न कोण

सी] शाफ्ट कोण

डी] मूल कोण

45] पिच कोन जनरेटर और दांत की जड़ की सतह के बीच का कोण।

ए] परिशिष्ट कोण

बी] डेडेनडर्नकोण

सी] शाफ्ट कोण

डी] मूल कोण

46] यह संभोग गियर के पिच शंकु कोणों का योग है]

ए] परिशिष्ट कोण

बी] डेडेनडर्न कोण

सी] शाफ्टकोण

डी] मूल कोण

गियर्स

47] बिजली संचारण के लिए मिलिंग मशीन, आकार देने वाली मशीन और खराद में प्रयुक्त होता है

ए] सीधेदांतबेवलगियर

बी] मेटर बेवल गियर

सी] कोणीय बेवल गियर

डी] सर्पिल बेवल गियर

gears1 gears

48] इसका उपयोग करने का लाभ सुचारू रूप से चलने और उच्च गति सीमा के लिए है

ए] सीधे दांत बेवल गियर

बी] मेटर बेवल गियर

सी] कोणीय बेवल गियर

डी] सर्पिलबेवलगियर

49] शाफ्ट को जोड़ने के लिए प्रयुक्त होता है जो कोण पर होते हैं लेकिन प्रतिच्छेद नहीं करते

बी] मेटर बेवल गियर

सी] कोणीय बेवल गियर

डी] सर्पिल बेवल गियर

ई] हाइपोइडबेवलगियर

50] ऑटोमोबाइल ड्राइव में प्रयुक्त]

बी] मेटर बेवल गियर

सी] कोणीय बेवल गियर

डी] सर्पिल बेवल गियर

ई] हाइपोइडबेवलगियर

51]] टेम्पलेट क्या है?

ए] काटने के संचालन में से एक

बी] फॉर्म टर्निंग में से एक

सी] नौकरीकाएकहीआंकड़ा

डी] उपकरण में से एक

52] किस उद्देश्य से टेम्प्लेट का उपयोग किया जाता है?

ए] अंकनऔरजाँचकेलिए

बी] थ्रेडिंग के लिए

सी] मोड़ के लिए

डी] मापने के लिए

53] टेम्प्लेट बनाने के लिए किस सामग्री का उपयोग किया जाता है?

ए] एचसीएस] प्लेट

बी] विशेष उपकरण स्टील

सी] पीतल या तांबा

डी] जीआई] शीटयाएमएस] पतलीशीट

54] --------------- घटक के आकार की जाँच के लिए प्रयोग किया जाता है

टेम्पलेट

बी] स्नैप गेज

सी] उपकरण

डी] साइन बार

55] फेस कॉपी करने के लिए ....] टाइप टेम्प्लेट का उपयोग किया जाता है

ए] गोलाकार

बी] प्लेट प्रकार

सी] फ्लैट

डी] त्रिकोणीय

मिलिंगमशीनकेप्रकार

56] धुरी कार्य तालिका के लंबवत है

ए] क्षैतिज मिलिंग मशीन

बी] लंबवतमिलिंगमशीन

सी] यूनिवर्सल मिलिंग मशीन]

डी] खराद मशीन

milling machine2 milling machine

कार्यक्षेत्र मिलिंग मशीन

57] टेबल को क्षैतिज तल में घुमाया जा सकता है
ए] क्षैतिज मिलिंग मशीन
बी] लंबवत मिलिंग मशीन
सी] यूनिवर्सलमिलिंगमशीन]
डी] खराद मशीन

58] स्पिंडल कार्य तालिका के लिए क्षैतिज है
ए] क्षैतिजमिलिंगमशीन
बी] लंबवत मिलिंग मशीन
सी] यूनिवर्सल मिलिंग मशीन]
डी] खराद मशीन

59] कठोर, मजबूत और भारी काम को समायोजित करता है
ए] क्षैतिजमिलिंगमशीन
बी] लंबवत मिलिंग मशीन
सी] यूनिवर्सल मिलिंग मशीन]
डी] खराद मशीन

60] इस मशीन पर बोरिंग, की-वे कटिंग, प्रोफाइल मिलिंग की जा सकती है
ए] क्षैतिज मिलिंग मशीन
बी] लंबवतमिलिंगमशीन
सी] यूनिवर्सल मिलिंग मशीन]
डी] खराद मशीन

61] इस मशीन पर पेचदार खांचे और गियर मिल सकते हैं।
ए] क्षैतिज मिलिंग मशीन
बी] लंबवत मिलिंग मशीन

सी] यूनिवर्सलमिलिंगमशीन]
डी] खराद मशीन
62] कॉलम पर स्लाइड मूवमेंट
ए] अनुदैर्ध्य फ़ीड
बी] क्रॉस फीड
सी] लंबवतफ़ीड
डी] परिपत्र फ़ीड]
63] घुटने पर स्लाइड मूवमेंट
ए] अनुदैर्ध्य फ़ीड
बी] क्रॉसफीड
सी] लंबवत फ़ीड
डी] परिपत्र फ़ीड]
64] रोटरी टेबल
ए] अनुदैर्ध्य फ़ीड
बी] क्रॉस फीड
सी] लंबवत फ़ीड
डी] परिपत्रफ़ीड]
65] टेबल ट्रैवर्स]
ए] अनुदैर्ध्यफ़ीड
बी] क्रॉस फीड
सी] लंबवत फ़ीड
डी] परिपत्र फ़ीड]

बांट

66] इस रीमर का उपयोग किया जाता है जहां फिनिश बहुत महत्वपूर्ण नहीं है।
ए] सॉलिड फ्लुटेड मशीन रीमर
बी] चकिंग रीमर
C] रोज़रीमर
डी] शैल रीमर

67] इस राइमर के कई आकार एक टांग से संभाले जाते हैं]
ए] सॉलिड फ्लुटेड मशीन रीमर
बी] चकिंग रीमर
C] रोज़ रीमर
डी] शैलरीमर
68] सीधे/बाएं हाथ के हेलिक्स के साथ हैंड रीमर के समान।
ए] सॉलिडफ्लुटेडमशीनरीमर
बी] चकिंग रीमर
C] रोज़ रीमर
डी] शैल रीमर
69] जॉबर रीमर के समान लेकिन 'छोटी और गहरी बांसुरी' के साथ।
ए] सॉलिड फ्लुटेड मशीन रीमर
बी] चकिंगरीमर
C] रोज़ रीमर
डी] शैल रीमर
70] इसका दूसरा नाम जॉबर रीमर है]
ए] सॉलिड फ्लुटेड मशीन रीमर
बी] चकिंगरीमर
C] रोज़ रीमर
डी] शैल रीमर
71] इस रीमर को इसके सिरे पर काटने के लिए डिज़ाइन किया गया है]
ए] सॉलिड फ्लुटेड मशीन रीमर
बी] चकिंग रीमर
C] रोज़रीमर
डी] शैल रीमर

72] एक छोटा रिएमर जिसमें एक आर्बर या मैंड्रेल के साथ प्रयोग किया जाता है, एक अक्षीय छेद होता है ---------- कहा जाता है

ए] समानांतर रीमर

बी] एडजस्टेबल रीमर

C] एक्सपेंशन रीमर

डी] चकिंगरीमर

73] निम्नलिखित में से किस मशीन रीमर का उपयोग रीमर एक्सिस और वर्क एक्सिस के बीच मिसलिग्न्मेंट को ठीक करने के लिए किया जाता है?

ए] फ्लोटिंगब्लेडरीमर

बी] मशीन जिग रीमर]

सी] शैल रीमर

डी] चकिंग रीमर

74] रीमर का उपयोग किसके लिए किया जाता है...

ए] पतली चादरों में ड्रिलिंग छेद

बी] गहरे छेद ड्रिलिंग

सी] गड़गड़ाहट हटाना

डी] छेदबढ़ानाऔरखत्मकरना

75] रीमर के दांत असमान दूरी पर होते हैं क्योंकि...

ए] वे निर्माण में आसान हैं

बी] वेबकबककोकमकरसकतेहैं

C] ये धातु को धीरे-धीरे काटने में मदद करते हैं

डी] वे आसानी से रिएमर को हटाने में मदद करते हैं

76] निम्नलिखित में से कौन रीमर की क्षमता नहीं है?

ए] छोटे छेदों को खत्म करना

बी] किसीभीमशीनीप्रोफाइलकोखत्मकरना

सी] करीब सीमा तक सटीकता

डी] उच्च गुणवत्ता वाले सतह खत्म का उत्पादन

ड्रिलिंगऔरड्रिलिंगमशीन

77] टेंपर शैंक ड्रिल मशीन पर किसके माध्यम से आयोजित की जाती है...

ए] चक्स

बी] आस्तीन

सी] बहाव

डी] वाइस

78] ड्रिल चक ड्रिलिंग मशीन स्पिंडल पर किस माध्यम से फिट किए जाते हैं...

ए] घुमावदार अंगूठी

बी] आर्बोर

सी] बहाव

डी] पिनियन और कुंजी

79] अभ्यास पर प्रदान किया गया मोर्स टेपर के बीच...

ए] एमटी 1 सेएमटी 5

बी] मीट्रिक टन 1 से मीट्रिक टन 4

सी] एमटी 0 से एमटी 5

डी] मीट्रिक टन 0 से मीट्रिक टन 4

80] एक बहाव के लिए प्रयोग किया जाता है...

ए] एक ड्रिल स्थान बनाना

बी] मशीन स्पिंडल पर चक फिक्सिंग

C] टूटी हुई ड्रिल को काम से हटाना

डी] मशीनस्पिंडलसेड्रिलकोहटाना

81] जब ड्रिल का टेंपर शैंक मशीन स्पिंडल से बड़ा होता है, तो ड्रिल को होल्ड करने का उपकरण एक...

ए] ड्रिल आस्तीन

बी] टेपरसॉकेट

सी] ड्रिल बहाव

डी] चक और कुंजी

82] एक ड्रिलिंग मशीन में माइल्ड स्टील की ड्रिलिंग के लिए उपयुक्त कटिंग फ्लुइड है...

ए] सिंथेटिक घुलनशील तेल

बी] साफ तेल

सी] आसुत जल

डी] घुलनशीलतेल

83] रेडियल ड्रिलिंग मशीन की एक विशेष विशेषता है...

ए] इसका उपयोग एचएसएस के साथ ड्रिलिंग के लिए किया जा सकता है] ड्रिल

बी] तालिका को किसी भी स्थिति में स्थानांतरित और सेट किया जा सकता है

सी] विभिन्न प्रकार की गति उपलब्ध है

डी] धुरीकोकिसीभीस्थितिमेंलायाजासकताहै

84] अभ्यास का बिंदु कोण निर्भर करता है...

ए] ड्रिल का आकार

बी] मशीन का प्रकार

सी] कामकीसामग्री

डी] ड्रिल का आरपीएम

85] एक मानक ड्रिल के लिए बिंदु कोण है...

ए] 60◦

बी] 108◦

सी] 118◦

डी] 135◦

86] पेचदार कोण निर्धारित करता है...

ए] कटिंग एंगल

बी] कोण चबाना

सी] रेककोण

डी] होंठ कोण

87] ड्रिल का निकासी कोण किसके बीच है...

ए] 3◦ से 5◦

बी] 8◦ से 12◦

सी] 12◦ से 20◦

डी] 15◦ से 20◦

88] एक दूरस्थ स्थान में (बिजली उपलब्ध नहीं है) एक रेल ट्रैक को ड्रिल किया जाना है] सही ड्रिलिंग मशीन चुनें

ए] रेडियल ड्रिलिंग मशीन

बी] स्तंभ ड्रिलिंग मशीन

सी] शाफ़्टड्रिलिंगमशीन

डी] संवेदनशील ड्रिलिंग मशीन

drilling3 drilling machine

89] एक बढ़ई द्वारा कैबिनेट बनाने के लिए इस्तेमाल की जाने वाली ड्रिलिंग मशीन एक...

ए] शाफ़्ट ड्रिलिंग मशीन

बी] रेडियल ड्रिलिंग मशीन

सी] ब्रेस्टड्रिलिंगमशीन

डी] संवेदनशील ड्रिलिंग मशीन

90] निम्नलिखित में से कौन सी ड्रिलिंग मशीन का उपयोग ड्रिलिंग छेद के लिए किया जाता है जहां बिजली उपलब्ध नहीं होती है?

ए] बेंच ड्रिलिंग मशीन

बी] स्तंभ ड्रिलिंग मशीन

सी] रीडायल ड्रिलिंग मशीन

डी] शाफ़्टड्रिलिंगमशीन

91] निम्नलिखित में से कौन सी ड्रिलिंग मशीन भारी शुल्क के काम के लिए प्रयोग की जाती है?

ए] बेंच ड्रिलिंग मशीन

बी] स्तंभ ड्रिलिंग मशीन

सी] रेडियलड्रिलिंगमशीन

डी] इलेक्ट्रिक हैंड ड्रिलिंग मशीन

92] ड्रिल चक को मशीन स्पिंडल पर किस माध्यम से रखा जाता है?

ए] आर्बर

बी] बहाव

सी] ड्रा-इन बार

डी] चक अखरोट

93] एक संवेदनशील बेंच ड्रिलिंग मशीन में विभिन्न गतियां प्राप्त की जाती हैं ----

ए] बेल्टचरखीतंत्र

बी] हाइड्रोलिक तंत्र

सी] रैक और पिनियन तंत्र

डी] कैम और अनुयायी तंत्र

94] एक कार में अल्टरनेटर 4A बचाता है और इसके टर्मिनलों में 3 ओम का भार जुड़ा होता है] सर्किट का वोल्टेज ज्ञात करें

ए] 18वी

बी] 24V

सी] 12वी

डी] 16वी

95] एक वोल्टेज स्रोत एक 20 ओम प्रतिरोध में 40V की एक IR ड्रॉप, 30 ओम प्रतिरोध में 60V और सभी श्रृंखला में 90 ओम प्रतिरोध में 180V का उत्पादन करता है] लागू वोल्टेज कितना है?

ए] 180 वी

बी] 240 वी

सी] 100 वी

डी] 280 वी

96] 220 वोल्ट के प्रभावी मान वाली साइन-वेव का शिखर आयाम कितना बड़ा है?

ए] 311 वी

बी] 380 वी

सी] 400 वी

डी] 440 वी

97] पीक-टू-पीक वोल्टेज 99V है] साइन वेव का प्रभावी मान कितना बड़ा है?

ए] 70 वी

बी] 44.5 वी

सी] 49.5 वी

डी] 35 वी

98] एक मूविंग कॉइल वाल्टमीटर 10 वी एसी पढ़ता है] प्रभावी वोल्टेज कितना बड़ा है?

एक उच्च

बी] निचला

सी] वही

डी] 10% अधिक

99] एक गतिमान लोहे का एमीटर 10 ए पढ़ता है] दोलन की चरम धारा कितनी बड़ी है?

ए] 7.07 ए

बी] 1.1414ए

सी] 70.7 ए

डी] 14.1 ए

100] 10 ओम के प्रतिरोध से 2 एम्पीयर की धारा प्रवाहित होती है] प्रतिरोध में नष्ट हुई शक्ति बराबर होती है...

ए] 20 वाट

बी] 200 वाट

सी] 40 वाट

डी] 5 वाट

101] बिजली कंपनियां पावर फैक्टर को बेहतर बनाने में रुचि रखती हैं

ए] लाइनकरंटकमकरें

बी] मोटर दक्षता में वृद्धि

C] वोल्ट-एम्पीयर बढ़ाएँ

डी] शक्ति में कमी

102] मूविंग कॉइल इंस्ट्रूमेंट किसके प्रभाव पर काम करता है...

ए] रासायनिक प्रभाव

बी] ताप प्रभाव

सी] इलेक्ट्रोस्टैटिक प्रभाव

डी] विद्युतचुम्बकीयप्रभाव

cnc lathe qr

cnc milling machine

<u>सीएनसीमशीनटेपपंच</u>

image

103] टेप पंच जिसमें 1 इंच चौड़ा टेप होता है, इसे द्वारा बनाया जाता है
ए] पेपर मायलारी
बी] एल्यूमिनियम माइलर
<u>सी] प्लास्टिक</u>
डी] सबसे ऊपर
104] पॉइंट टू पॉइंट पोजिशनिंग पोजिशनिंग सिस्टम में ....] स्वीकार्य है
ए] ओपन लूप कंट्रोल सिस्टम
<u>बी] बंदलूपनियंत्रणप्रणाली</u>
सी] दोनों के ऊपर
डी] उनमें से कोई नहीं
105] सीएनसी मशीन में ......
ए] लीड स्क्रू
<u>बी] बॉललीडस्क्रू</u>
सी] दोनों के ऊपर
डी] दोनों में से कोई नहीं
<u>सीएनसीकार्यक्रमसमन्वय</u>

image

106] उप कार्यक्रम का उद्देश्य है ....

ए] निर्देशांक XY Z खोजने के लिए।

बी] अन्य छोटी मशीन के लिए।

सी] उच्च गति की नौकरियों की सतह में उपकरण नाक उपकरण नाक प्रवेश काटने से बचने के लिए।

डी]
जबकिविशेषस्थितिमेंनौकरीकीमशीनिंगप्रोग्रामब्लॉककेसमय-समयपरउपयोगनहींकरतेहैं।

107] जबकि xyz निर्देशांक बिंदु शून्य-माप मापते समय इसका क्या मतलब है

ए] संदर्भ चिह्न।

बी] काम शून्य

सी] समन्वय बिंदु

डी] सबसेऊपर

108] सीएनसी मशीन अक्ष द्वारा निर्दिष्ट ......

ए] 2 अक्ष

बी] 3 अक्ष

सी] 4 अक्ष

डी] सबसेऊपर

सीएनसीमशीनएक्सिस

image

109] सीएनसी मशीनों की Xyz अक्ष माप के लिए किस बिंदु का उपयोग किया जाता है।

ए] कार्यशून्यबिंदु

बी] मशीन जीरो पॉइंट

सी] सामान्य शून्य बिंदु

डी] सबसे ऊपर

110] सीएनसी मशीन में कौन सा बिंदु उपयोगी नहीं है।

ए] सीएनसी मशीन पर किए गए विभिन्न ऑपरेशन।

बी] निरीक्षण के लिए कम राशि।

सी] माप स्थापित करने के लिए कठिन।

डी] मशीनदक्षताऑपरेटरोंकेकौशलपरनिर्भरहै।

111] आवश्यक से पहले शून्य ऑफसेट के चयन के लिए............

ए] मशीन टेबल पर कटर तय किया गया है।

बी] डेटा मशीन में दर्ज किया गया।

C] मशीन टेबल पर जॉब फिक्स है।

डी] मशीनकेसंचालनसेपहलेआवश्यकगतिऔरफ़ीडचयन।

सीएनसीवर्कजीरोऑफसेटसेटिंग।

image

112] जीरो ऑफ़सेट प्रोग्राम में इंगित करता है ....] निम्नलिखित का कोड

ए] एक्स yz

बी] X0 y0 z00

सी] X10 Y20 Z30

डी] जी71

113] कार्य शून्य है

ए] नौकरी की स्थिति पर मशीन का डेटा शून्य।

बी] X0Y0Z0 द्वारा इंगित करें।

सी] कार्यक्रमकेअनुसारनौकरीपरबिंदुकाचयन।

डी] मशीनिंग बिंदु का अंत

114] एम कमांड का उपयोग ऑपरेशन शुरू करने और पूर्ण क्रांति चक्र एम03 मतलब के लिए किया जाता है।

ए] कार्यक्रम बंद करो।

बी] कार्यक्रम पूरा और रीसेट।

सी] कार्यक्रम को पूरा करें।

डी] धुरीदक्षिणावर्तगति।

सीएनसीमशीनपावरपैक

image cnc lubricating-unit

115] सीएनसी मशीन मैन्युअल रूप से संचालित नहीं है, यह ...... द्वारा नियंत्रित है।

एककार्यक्रम

बी] ऑपरेशन

सी] कैम

डी] प्लग बोर्ड सिस्टम

116] सीएनसी मशीन में M13 का अर्थ है

ए] कूलेंट स्टॉप

बी] शीतलक चालू

सी] स्पिंडल स्टॉप

डी] कूलेंटऑनऔरस्पिंडलऑन

117] सीएनसी मशीन में पावर पैक का कार्य।

ए] स्नेहकगर्मीकेसंतुलनकेलिए।

बी] स्नेहक की बढ़ती गर्मी के लिए।

सी] स्नेहक की गर्मी को नष्ट करने के लिए।

डी] सबसे ऊपर।

सीएनसीमशीनबिस्तर।

image

118] सीएनसी मशीन बिस्तर का खंड है.....

फ्लैट

बी] आधा दौर

सी] आयताकार

डी] त्रिकोणीय

119] निम्नलिखित में से कौन सा कथन सीएनसी मशीन का नुकसान है।

ए] कम निरीक्षण शुल्क।

बी] कम टूलींग चार्ज।

सी] उत्पादन दर बढ़ाएँ।

डी] उच्चस्थापनाशुल्क।

120] पॉइंट टू पॉइंट सिस्टम ...... के लिए अधिक प्रभावी है।

ए] टर्निंग

बी] प्रोफाइल मिलिंग

सी] पीस

डी] ड्रिलिंग

एनसीमशीनपरटूलसेटिंग।

image

121] एनसी मशीन पर टूल सेटिंग ......] यूनिट।

ए] प्रीसेटिंगडिवाइस।

बी] मशीन के बिना विशेष उपकरण ऑर्डर करें।

सी] एनसी मशीन पर अन्य खाली समय।

डी] जब अन्य ऑपरेशन मशीन पर काम कर रहे हों।

122] इस प्रणाली में अंतर्निर्मित निर्देशांक वाली प्रणाली को मापने के लिए...........] शून्य स्थिति कहलाती है।

ए] संदर्भ बिंदु।

बी] मशीन शून्य बिंदु।

C] वर्कजीरोपॉइंट

डी] प्रोग्राम जीरो पॉइंट।

123] प्रोग्राम के साथ सीएनसी मशीन 50 एमएम डाया टर्न ऑन जॉब टर्निंग ने कहा कि उत्पादन समय पर ट्रायल रन 50.1 एमएम जिसके बाद आइडिया ने सही डाया मेकिंग के लिए इस्तेमाल किया

ए] टूल 0.1 मिमी के ऑफसेट को बढ़ाकर।

बी] टूल की ऑफसेट बढ़ाकर 0.05 मिमी

सी] टूल 0.05 मिमी . कीकमीऑफसेटद्वारा

डी] उपकरण 0.1 मिमी . की कमी ऑफसेट द्वारा

सीएनसीखरादमशीननकल।

image

124] सीएनसी मशीन पर शून्य ऑफसेट मंद आयामों को मापने के लिए ...... मोड सेट है

ए] एमडीआई

बी] जोगो

सी] स्वचालित

डी] प्रीसेट

125] खराद की नकल करने की इकाई पर काम चल रहा है

ए] यांत्रिक शक्ति प्रणाली

बी] हाथ बिजली व्यवस्था

सी] हाइड्रोलिकपावरसिस्टम

डी] उनमें से कोई नहीं

126] शीतलक के लिए सीएनसी कार्यक्रम में उपयोग किए जाने वाले निम्न विविध कार्यों में से एक

ए] एम08

बी] M09

सी] एम 10

डी] एम 11

सीएनसीमशीनपरनौकरीकोजकड़ना।

clamping the job on cnc.jpg

127] कूलेंट ऑफ के लिए उपयोग किए जाने वाले सीएनसी प्रोग्राम में नीचे दिए गए विविध कार्यों में से एक

ए] एम 11

बी] एम 10

<u>सी] एम 9</u>

डी] एम 15

128] सीएनसी प्रोग्राम में मशीन टेबल पर जॉब को क्लैंप करने के लिए किस विविध फ़ंक्शन का उपयोग किया जाता है।

ए] M09

<u>बी] एम 10</u>

सी] एम 11

डी] एम 15

129] सीएनसी कार्यक्रम में नीचे दिए गए विविध कार्यों में से एक का उपयोग नौकरी को खोलने के लिए किया जाता है

<u>ए] एम 11</u>

बी] एम 15

सी] एम 30

डी] एम 60

<u>सीएनसीमशीनमेंवर्कपीसचेंज।</u>

workpice change in cnc.jpg

130] सीएनसी प्रोग्राम में वर्कपीस के परिवर्तन के लिए किस विविध कार्य का उपयोग किया जाता है

ए] एम 30

<u>बी] एम 60</u>

सी] एम68

डी] एम78

131] मशीन सीएनसी मशीन पर शून्य ऑफ-सेटिंग के लिए .... है।

<u>ए] एमडीआईमोडमें</u>

बी] जॉग मोड में

सी] स्वचालित मोड में

डी] वर्तमान मोड में

132] एनसी मशीन पर फ़ीड दर ...... कोड द्वारा इंगित की जाती है।

ए] एक्स

द्वारा

<u>सी] एफ</u>

डी] ज़ू

<u>सीएनसीमशीनएक्सिसस्थिति]</u>

cnc machine axis position.jpg

133] अक्ष की स्थिति ....कोड द्वारा इंगित की जाती है।

<u>ए] एक्स, वाई, जेड</u>

बी] पी, क्यू, आर

सी] ए, बी, सी

डी] एम, एन, ओ

134] सीएनसी ड्रिलिंग मशीन चालू है.......एक्सिस प्रोग्राम किया गया।

ए] दो अक्ष

बी] तीन अक्ष

सी] चार अक्ष

<u>डी] छहअक्ष</u>

135] सीएनसी की कंट्रोल यूनिट में ....यूनिट से निर्देश एकत्रित करें

ए] मशीन टूल

बी] निर्देश

सी] चुंबकीय बॉक्स

<u>डी] मेमोरी</u>

<u>सीएनसीमशीनकाकार्यग्राफ]</u>

136] एनसी मशीन का टेप तैयार करने के लिए---------- कोड का उपयोग किया जाता है।

<u>ए] ईआईएकोड</u>

बी] आईएसओ कोड

सी] एएससी कोड

डी] उनमें से कोई नहीं।

137] सीएनसी मशीन कन्वेंशन मशीन की तुलना में अधिक सटीक उत्पादन देती है, लेकिन यह अधिक महंगा है क्योंकि।

ए] इसमें एसी केबिन है

<u>B] इसमेंडस्टप्रूफकेबिनहै</u>

सी] इसकी मजबूत नींव है

डी] इसमें अधिक जगह है

138] सीएनसी मशीन ग्राफिकल बेस द पॉइंट ऑन डिजिटल लाइन पर काम कर रही है, संकेतित डिजिटल पॉइंट कॉल ....।

एक ग्राफ

बी] इनपुट मीडिया

<u>सी] समन्वय</u>

डी] मूल बिंदु

<u>सीएनसीमशीनमेंएक्सिसरोटरीमोशन]</u>

axis rotary motion in CNC.png

139] अनुदैर्ध्य फ़ीड के लिए सीएनसी मशीन पर.......अक्ष, क्रॉस फीड......अक्ष और ऊर्ध्वाधर फ़ीड के लिए........अक्ष नाम दिया गया है।

ए] ए, बी, सी

बी] एक्स, वाई, जेड

सी] पी, क्यू, आर

डी] एम, एन, ओ

140] रोटरी गति के लिए सीएनसी मशीन अक्ष में .... नाम दिया गया है।

ए] ए, बी, सी

बी] एक्स, वाई, जेड

सी] पी, क्यू, आर

डी] एम, एन, ओ

141] सीएनसी मशीन का मतलब ......

ए] प्राकृतिक नियंत्रण मशीन

बी] वायवीय नियंत्रण मशीन

सी] संख्यात्मकनियंत्रणमशीन

डी] नो कमांड मशीन

142] न्यूमेटिक पावर सिस्टम का निम्नलिखित में से कौन-सा लाभ है?

ए] उत्पादन दर बढ़ाने के लिए।

बी] लेआउट के लिए कम नकद

सी] काम के लिए अच्छा माहौल

डी] सबसेऊपर

सीएनसीमशीनटेम्पलेट्सकासिद्धांत।

image

143] फेस कॉपी करने के लिए......] टाइप टेम्प्लेट का उपयोग किया जाता है

ए] गोलाकार

बी] प्लेट प्रकार

सी] फ्लैट

डी] त्रिकोणीय

144]...........] सीएनसी मशीन का मुख्य सिद्धांत है?

ए] सभी राज्यों को संख्या में इंगित करें

बी] मशीन पर यांत्रिक नियंत्रण के लिए अधिक समय की आवश्यकता है।

सी] काटने की गति मैन्युअल नियंत्रण से अधिक है।

D] वर्कशॉपमेंप्रोडक्शनसीक्वेंसमशीनमेंब्लॉकनंबरद्वारास्टोरकियाजाताहै।

145] एक शाफ्ट की कॉपी के लिए.......] टाइप टेम्प्लेट का उपयोग किया जाता है।

ए] गोलाकार

बी] त्रिकोणीय

सी] फ्लैट्स

डी] स्क्वायर

सीएनसीप्रोग्रामटूलपथ।

image

146] सतत पथ का लक्षण है

ए] गिनती प्रणाली कहा जाता है।

बी] अंतर संबंधित गति के लिए समन्वय अक्ष पर उपकरण और कार्य टुकड़ा।

सी] कटर फ़ीड और गति की सेटिंग द्वारा

<u>डी] सबसेऊपर</u>

147] विविध कमांड एम30 का अर्थ है ......

<u>ए] कार्यक्रमकाअंतऔररीसेट</u>

बी] प्रोग्राम स्टॉप

सी] धुरी की दक्षिणावर्त गति

डी] कार्यक्रमों को पूरा करें

148] जिसके बाद मिलिंग सतह पर प्रभाव पड़ता है जबकि अनसेटिंग स्पिंडल वर्टिकल मिलिंग मशीन के साथ मिलिंग द्वारा अनुदैर्ध्य फ़ीड।

ए] उत्तल सतह

<u>बी] अवतलसतह</u>

सी] त्रिज्या क्रॉस लाइन

डी] किसी न किसी सतह

<u>सीएनसीमिलिंगऑपरेशन]</u>

image

149] 12 मिमी व्यास मिल कटर के साथ ऊर्ध्वाधर मिलिंग मशीन द्वारा मिलिंग करते समय माइल्ड स्टील प्लेट पर स्लॉट प्रदान करते हैं, कटर सो जाता है और इस गलती के लिए टूट जाता है कि इससे कैसे बचा जाए।

ए] हाई स्पीड स्पिंडल

बी] कम काटने की गति

सी] कट गहराई में वृद्धि

<u>डी] कटरकीगहराईऔरफ़ीडकम</u>

150] पेंच की 5 मिमी पिच और 40 : 1 के विभाजन अनुपात वाले मिलिंग मशीन की सीसा क्या है

ए] 0.25 मिमी

बी] 5 मिमी

सी] 8 मिमी

डी] 200 मिमी

151] यदि बैकलैश एलिमिनेटर स्लैप कटर का उपयोग डाउन मिलिंग ऑपरेशन के लिए नहीं किया जाता है तो किस सुरक्षा का ध्यान रखना चाहिए?

ए] कमसीसाऔरगहराई

बी] उच्च नेतृत्व

सी] उच्च सीसा और कम गहराई

डी] उच्च नेतृत्व और उच्च गति

सीएनसीमशीनशून्यऔरफ़ीडदर।

cnc machine zero.PNG

152] शून्य ऑफसेट के बीच की दूरी है........] और ......

ए] जी41 और जी42

B] मशीनजीरोऔरवर्कजीरो

सी] संदर्भ बिंदु और टैपिंग मोड

डी] उनमें से कोई नहीं

153] फ़ीड दर को जी के साथ मिमी प्रति मिनट के रूप में क्रमादेशित किया गया है ....] और मिमी प्रति-क्रांति जी के साथ।

ए] जी41 और जी42

बी] जी 43 और जी 40

सी] जी 94 औरजी95

डी] उनमें से कोई नहीं

154] सभी निर्देशों के संग्रह के लिए.......] सीएनसी कंट्रोल यूनिट में

स्मृति

बी] टेप रीडर

सी] नियंत्रण कक्ष

डी] ऑपरेटर

सीएनसीड्रिलिंगमशीन।

cnc drilling machine.jpg

155] सीएनसी ड्रिलिंग मशीन y अक्ष के आगे और पीछे नियंत्रण के लिए ....
ए] स्पिंडल
बी] टेबल
सी] दक्षिणावर्त
डी] कॉलम
156] एम 01 कमांड का मतलब .....
ए] कार्यक्रमों को रोकने के लिए
बी] कार्यक्रम का अंत और रीसेट
सी] कार्यक्रमकीस्थितिकोरोकना
डी] मशीन स्पिंडल के दक्षिणावर्त रोटेशन
157] सीएनसी मशीन की स्थापना अमेरिकी वैज्ञानिक जॉन पर्सन ने ......] वर्ष . में की है
ए] 1950
बी] 1952
सी] 1955
डी] 1957
सीएनसीनियंत्रण, इनपुटऔरमेमोरीयूनिट।

cnc control.jpg

cnc
operation-panel

158] सीएनसी मशीन को कमांड करने के लिए प्रयुक्त इकाई का नाम।

ए] नियंत्रण इकाई

बी] मेमोरी यूनिट

सी] इनपुटयूनिट

डी] आउटपुट यूनिट

159] सीएनसी मशीन में डेटा को संसाधित करने के लिए प्रयुक्त इकाई का नाम।

ए] मेमोरी यूनिट

बी] नियंत्रणइकाई

सी] इनपुट यूनिट

डी] आउटपुट यूनिट

160] सीएनसी मशीन में डेटा को स्टोर करने के लिए उपयोग की जाने वाली इकाई का नाम।

ए] इनपुट यूनिट

बी] नियंत्रण इकाई

सी] मेमोरीयूनिट

डी] आउटपुट यूनिट

सीएनसीमशीनमेंसर्वोमोटर।

servo motor.jpg cnc spindle-motor

161] सीएनसी मशीन में डेटा की गणना के लिए प्रयुक्त इकाई का नाम।

ए] आउटपुट यूनिट

<u>बी] अंकगणितइकाई</u>

सी] मेमोरी यूनिट

डी] इनपुट यूनिट

162] सीएनसी मशीन में प्रसंस्करण डेटा के परिणाम प्रदर्शित करने के लिए प्रयुक्त इकाई का नाम

ए] अंकगणित इकाई

<u>बी] आउटपुटयूनिट</u>

सी] मेमोरी यूनिट

डी] इनपुट यूनिट

163] सीएनसी मशीन में सर्वो मोटर का उपयोग .... के लिए किया जाता है।

ए] मशीन स्पिंडल पर टूल बदलना

<u>बी] ड्राइविंगमशीनस्पिंडल</u>

सी] मशीन स्पिंडल पर फिक्सिंग जॉब

डी] धुरी पर काम साबित करना

<u>सीएनसीमशीनकेप्रकार।</u>

types of cnc.jpg

164] सीएनसी मशीन के नीचे के हिस्से में से एक धुरी पर उपकरण बदलने के लिए प्रयोग किया जाता है।

ए] सर्वो मोटर

बी] नियंत्रण कक्ष

<u>सी] स्वचालितउपकरणपरिवर्तकएटीसी</u>

डी] हाई स्पीड स्पिंडल

165] सीएनसी मिलिंग श्रेणी में निम्न में से एक सीएनसी मशीन है.......

ए] चकिंग सेंटर

बी] सीएनसी देर से

<u>सी] लंबवतमशीनिंगकेंद्र</u>

डी] सतह पीसने की मशीन

166] टर्निंग सेंटर या सीएनसी खराद श्रेणी में नीचे की सीएनसी मशीन में से एक ....

ए] लंबवत मशीनिंग केंद्र

बी] क्षैतिज मशीनिंग केंद्र

<u>सी] लंबवतमोड़केंद्र</u>

डी] प्रोफाइल पीसने की मशीन

<u>सीएनसीमशीनकेलिएविविधकार्य।</u>

miscellaneous function.jpg

167] ग्राइंडिंग सेंटर श्रेणी में निम्न में से एक सीएनसी मशीन है.....

ए] यूनिवर्सल मिलिंग सेंटर

<u>बी] बेलनाकारपीसनेकीमशीन</u>

सी] सीएनसी देर से

डी] लंबवत मशीनिंग केंद्र

168] सीएनसी मशीन प्रोग्रामिंग में शब्द एम इंगित करता है

ए] फ़ीड दर

बी] धुरी गति

<u>सी] विविधकार्य</u>

डी] टूल नंबर

169] सीएनसी मशीन प्रोग्रामिंग तैयारी समारोह में G00 के लिए है.....

<u>ए] रैखिकइंटरपोलेशन</u>

बी] दक्षिणावर्त वृत्ताकार प्रक्षेप

सी] काउंटर क्लॉकवाइज सर्कुलर इंटरपेलेशन

डी] होल्ड

<u>सीएनसीमशीनकेलिएप्रारंभिककार्य।</u>

preparatory function.jpg

170] सीएनसी मशीन प्रोग्रामिंग तैयारी समारोह में G02 के लिए है.....

ए] रैखिक इंटरपोलेशन

<u>बी] दक्षिणावर्तवृत्ताकारप्रक्षेप</u>

सी] काउंटर क्लॉकवाइज सर्कुलर इंटरपेलेशन

डी] होल्ड

171] बोलो प्रिपरेटरी फंक्शन G 00 में से एक का उपयोग सीएनसी प्रोग्राम में .... के लिए किया जाता है।

ए] रैखिक अंतर्वेशन या सीधी रेखा में फ़ीड गति।

बी] दक्षिणावर्त वृत्ताकार प्रक्षेप

<u>सी] पॉइंटटूपॉइंटपोजिशनिंगयारैपिडमोशन।</u>

डी] काउंटर क्लॉकवाइज सर्कुलर इंटरपेलेशन

172] 3डी इंटरपेलेशन के लिए सीएनसी प्रोग्राम में प्रयुक्त बोलो प्रिपरेटरी फंक्शन में से एक

ए] जी 05

<u>बी] जी12</u>

सी] जी17

डी] जी18

<u>सीएनसीमशीनपरथ्रेडिंगऔरटैपिंग।</u>

threading & tapping on cnc.jpg

173] थ्रेड कटिंग निरंतर लेड के लिए सीएनसी प्रोग्राम में आपके द्वारा उपयोग किए जाने वाले बेलो प्रिपरेटरी में से एक

ए] जी33

बी] जी40

सी] जी 53

डी] जी 62

174] टैपिंग ऑपरेशन के लिए सीएनसी प्रोग्राम में उपयोग किए जाने वाले बोलो तैयारी समारोह में से एक।

ए] जी-40

बी] जी 53

सी] जी 62

डी] जी 63

175] मिलिंग ऑपरेशन के लिए सीएनसी प्रोग्राम में उपयोग किए जाने वाले निम्न प्रारंभिक कार्य में से एक।

ए] जी 62

बी] जी 63

सी] जी 78, 79

डी] जी81

सीएनसीमशीनपरड्रिलिंग, बोरिंगऔररीमिंग

drilling boring & reaming.jpg

176] ड्रिलिंग ऑपरेशन के लिए सीएनसी प्रोग्राम में उपयोग किए जाने वाले बोलो प्रिपरेटरी फंक्शन में से एक।

<u>ए] जी 81</u>

बी] जी 82

सी] जी 84

डी] जी 85

177] रीमिंग ऑपरेशन के लिए सीएनसी प्रोग्राम में उपयोग किए जाने वाले बोलो तैयारी समारोह में से एक।

ए] जी 84

<u>बी] जी 85</u>

सी] जी 86

डी] जी 90

178] बोरिंग ऑपरेशन के लिए सीएनसी प्रोग्राम में उपयोग किए जाने वाले निम्न प्रारंभिक कार्य में से एक।

<u>ए] जी 86</u>

बी] जी 90

सी] जी 91

डी] जी 92

<u>सीएनसीकार्यक्रमअनुक्रमसंख्या।</u>

cnc program sequence.png

179] सीएनसी प्रोग्राम में ब्लॉक की क्रम संख्या को दर्शाने के लिए किस अक्षर का प्रयोग किया जाता है

<u>एक</u>

बी] जी

सी] एफ

डी] एस

180] सीएनसी प्रोग्राम में रैखिक अक्ष की स्थिति को इंगित करने के लिए किस अक्षर का उपयोग किया जाता है

ए] एबीसी

बी] यूवीडब्ल्यू

<u>सी] एक्सवाईजेड</u>

डी] आईजेके

181] फ़ीड दर के लिए सीएनसी कार्यक्रम में प्रयुक्त निम्न अक्षरों में से एक

जैसा
बी] एफ
सी] टी
डी] एम
सीएनसीमशीनमेंटूलचेंजऔरस्पिंडलस्पीड।

cnc milling
tool change i cnc.jpg atcautomatic-tool-changer-atc

182] आरपीएम में स्पिंडल स्पीड के लिए सीएनसी प्रोग्राम में इस्तेमाल किए गए अक्षरों में से एक
पूर्वाह्न
बी] टी
सी] एस
डी] एफ

183] सीएनसी प्रोग्राम में टूल के टूल फंक्शन नंबर को दर्शाने के लिए किस अक्षर का प्रयोग किया जाता है?
पर
बी] एस
सेमी
डी] एफ

184] सीएनसी प्रोग्राम में प्रोग्राम को रोकने के लिए किस विविध कार्य का उपयोग किया जाता है
ए] एम03
बी] M00
सी] M01
डी] एम02
सीएनसीमशीनतकलादिशा।

cnc machine spindle
direction.png

185] नीचे दिए गए विविध कार्यों में से एक वैकल्पिक स्टॉप को प्रोग्राम करने के लिए उपयोग किया जाता है

ए] एम 01

बी] एम 02

सी] एम 03

डी] एम 04

186] सीएनसी प्रोग्राम में विविध फंक्शन M02 का प्रयोग किया जाता है ......

ए] प्रोग्रामस्टॉप

बी] वैकल्पिक कार्यक्रम बंद करो

सी] कार्यक्रम का अंत

डी] क्लॉकवाइज स्पिंडल ऑन

187] सीएनसी प्रोग्राम में विविध प्रकार्य M03 का उपयोग .... के लिए किया जाता है।

ए] काउंटर क्लॉकवाइज स्पिंडल ऑन

बी] दक्षिणावर्तधुरीपर

सी] स्पिंडल ऑफ

डी] उपकरण परिवर्तन

सीएनसीमशीनमेंशीतलक।

coolant in cnc machine.jpg

cnc coolant-pump

188] स्पिंडल स्टॉप के लिए सीएनसी प्रोग्राम में उपयोग किए जाने वाले निम्न विविध कार्यों में से एक।

ए] एम04

<u>बी] एम05</u>

सी] एम06

डी] एम07

189] सीएनसी प्रोग्राम में टूल्स चेंज के लिए किस विविध फ़ंक्शन का उपयोग किया जाता है

<u>ए] एम06</u>

बी] एम07

सी] M09

डी] एम 10

190] इंटरचेंज क्षमता गुण प्रदान करने के लिए .....] द्वारा बनाए गए भागों का आकार]

(ए) मापन प्रणाली

(बी) परीक्षण और त्रुटि प्रणाली

(सी) सीमा और सहिष्णुता प्रणाली

(डी) उनमें से कोई नहीं

191] गुणवत्ता नियंत्रण के लिए बड़े पैमाने पर उत्पादन में उत्पादन निर्माण होता है......

(ए) शून्य दोष

(बी] विधि का प्रयास करें]

(सी) परीक्षण और त्रुटि

(डी) सीमा आकार में

192] इंटरचेंज क्षमता का उपयोग कर रहा है......]

(ए) रखरखाव के लिए

(बी) बड़े पैमाने पर उत्पादन के लिए

(सी) सिंगल पीस मैन्युफैक्चरिंग के लिए

(डी) परीक्षण और त्रुटि विधि के लिए

193] बड़े पैमाने पर उत्पादन में इंटरचेंज क्षमता हासिल करने के लिए निम्नलिखित में से कौन सा महत्वपूर्ण कारक आवश्यक है?]

ए] ज्यामितीय सटीकता]

बी] मानकीकरण

सी] आयामीसटीकता

डी] सतह खत्म

194] आम तौर पर इंटरचेंज क्षमता का उपयोग किसके लिए किया जाता है? _

ए] भागों की मरम्मत

बी] बड़ेपैमानेपरउत्पादन

सी] एकल टुकड़ा उत्पादन

डी] ये सभी

195] निरीक्षण का उद्देश्य है

ए] दोषपूर्ण घटकों का पृथक्करण

बी] अस्वीकृति की अनुरूपता

सी] अस्वीकृति की रोकथाम

डी] बिक्री गुणवत्ता वाले सामान]

196] गुणवत्ता के लिए कौन जिम्मेदार है?

डिजाइनर

बी] इंस्पेक्टर

सी] ऑपरेटर

डी बीमार]

197] एक विफलता लागत रिपोर्टिंग प्रणाली का उपयोग किया जाता है

ए] ऑपरेटरों के लिए प्रोत्साहन

बी] सूची नियंत्रण

सी] डिजाइन में कमजोर बिंदुओं का पता लगाना

<u>डी] उत्पादन में कमजोर स्थानों का पता लगाना]</u>

198] स्टॉप और ट्रिप का उपयोग के लिए किया जाता है

<u>ए] मापने और मापने में देरी को कम करें</u>

बी] टूल सेट करने में देरी को कम करें

सी] आवश्यक उपकरणों की संख्या कम करें

डी] काम सेट करने के लिए आवश्यक समय कम करें]

199] टर्न सरफेस फिनिश से तात्पर्य है...

A] मशीनी सतह का चमकना

बी] सतह पर दी गई कोटिंग का प्रकार

सी] सतह पर दिया गया गर्मी उपचार

डी] <u>सतहकीखुरदरापनयाचिकनाई</u>

200] जिस उद्देश्य से लैपिंग ऑपरेशन किया जाता है ---

ए] सतह खत्म को परिष्कृत करने के लिए]

बी] फिट की गुणवत्ता में सुधार करने के लिए

सी] ज्यामितीय सटीकता में सुधार करने के लिए,

<u>डी] उपरोक्तसभी</u>

201] निम्नलिखित में से कौन सी एक कोल्ड वर्किंग प्रक्रिया है जिसके द्वारा धातु को हटाए बिना सतह की फिनिश, आयामी सटीकता और वर्क हार्डनिंग में सुधार प्रभावित किया जा सकता है?

<u>ए] जलरहाहै</u>

बी] होनिंग

सी] लैपिंग _

डी] सुपर फिनिशिंग

202] ऑनिंग प्रोसेस में, स्पिंडल की गति होती है ---' ------------

<u>ए] लंबवतऔरपारस्परिक</u>

बी] पारस्परिक

सी] लंबवत

डी] क्षैतिज और पारस्परिक

203] एलटी क्या प्रक्रिया को अपघर्षक छड़ी का उपयोग करके किया जाता है?

ए] लैपिंग

बी] होनिंग

सी] सुपर फिनिशिंग '

डी] जल रहा है

204] बड़े पैमाने पर उत्पादन में इंटरचेंज क्षमता हासिल करने के लिए निम्नलिखित में से कौन सा महत्वपूर्ण कारक आवश्यक है?]

ए] ज्यामितीय सटीकता]

बी] मानकीकरण

सी] आयामीसटीकता

डी] सतह खत्म

205] इंटरचेंज क्षमता सामान्य रूप से किसके लिए लागू होती है? _

ए] भागों की मरम्मत

बी] बड़ेपैमानेपरउत्पादन

सी] एकल टुकड़ा उत्पादन

डी] ये सभी

206] निवारक रखरखाव है ....]

ए] रखरखाव में संवेदनशील उपकरणों का उपयोग शामिल है

बी] रखरखाव आमतौर पर ऑपरेटर द्वारा स्वयं किया जाता है

सी] काम तभी किया जाता है जब मशीन खराब हो जाती है

डी] अप्रत्याशितटूटनेकोकमकरनेकीयोजना

207] ब्रेक डाउन मेंटेनेंस क्या है?

ए] अप्रत्याशित टूटने को कम करने के लिए रखरखाव

बी] रखरखाव आमतौर पर स्वयं ऑपरेटर द्वारा किया जाता है

सी] रखरखाव में खराब हो चुके हिस्सों को बदलना शामिल है

डी] मरम्मतकार्यकेवलमशीनकेखराबहोनेपरहीकियाजाताहै

208] नियमित रखरखाव --------- है

ए] अप्रत्याशित टूटने को कम करने के लिए यह नियोजित रखरखाव है

बी] इस प्रकार के रखरखाव में संवेदनशील उपकरण का उपयोग शामिल है

सी] यह मरम्मत का काम है जब मशीन खराब हो जाती है

डी] इसप्रकारकारखरखावआमतौरपरऑपरेटरद्वारास्वयंकियाजाताहै

209] अंकन के दौरान संदर्भ सतह किसके द्वारा प्रदान की जाती है...

ए] भूतल गेज

बी] वर्कपीस

सी] काम का चित्रण

डी] तालिकाकीसतहकोचिह्नितकरना

210] स्नेहक के लिए आवश्यक है ....]

ए] कमसेकमभारलेतेहुएमशीनकोसुचारूरूपसेचलाएं

बी] मशीन को जल्दी से चलाएं

सी] मशीन को तुरंत बंद करो

डी] अधिक सटीकता के काम के टुकड़े का उत्पादन करें

211] एक्सट्रीम प्रेशर एडिटिव (ईपीए) को काटने वाले द्रव के साथ मिलाया जाता है ताकि इसकी शक्ति में सुधार किया जा सके।

ए] कूलिंग

बी] स्नेहन

डी] मशीनी सतह का उत्पादन

C] कटिंग जोन की सफाई

212] मशीन टूल्स में लुब्रिकेंट का उपयोग करने का मुख्य उद्देश्य है ------

ए] बनाने वाले हिस्सों को ठंडा करें

बी] मशीन टूल को गर्म होने से रोकें

सी] निकट संपर्क के लिए बनाने वाले हिस्सों को गीला करें

डी] बनानेवालेहिस्सोंकेबीचघर्षणकोकमकरें

213] कनेक्टिंग रॉड के पारस्परिक आंदोलन का कारण बनता है

ए] कनेक्टिंग रॉड

बी] लीवर

सी] कैम नाली

डी] पावलो

214] लीवर को सक्रिय करने के लिए रोलर को उसके रोटेशन के एक हिस्से पर उठाता है

ए] कनेक्टिंग रॉड

बी] लीवर

सी] कैमनाली

डी] पावलो

215] पंजा को हिलाने वाले उपकरण

ए] कनेक्टिंगरॉड

बी] लीवर

सी] कैम नाली

डी] पावलो

216] धुरी के कारण हिलने-डुलने की गति होती है

ए] कनेक्टिंग रॉड

बी] लीवर

सी] कैम नाली
डी] पावलो
217] शाफ़्ट व्हील चलाता है
ए] कनेक्टिंग रॉड
बी] लीवर
सी] कैम नाली
डी] पावलो
218] परिवर्तन अपनी स्थिति में फ़ीड दर बदलता रहता है
सी] कैम नाली
डी] पावलो
ई] फ़ीडसमायोजितपिन
एफ] शाफ़्ट व्हील
219] फ़ीड शाफ्ट को घुमाता है]
सी] कैम नाली
डी] पावलो
ई] फ़ीड समायोजित पिन
एफ] शाफ़्टव्हील
220] बहुत कम टॉर्क ट्रांसमिट करने के लिए।
ए] पंख कुंजी
बी] गिब हेड की
सी] वुड्रूफ़ कुंजी
डी] सैडल कुंजी
221] कुंजी का प्रोफाइल शाफ्ट को कमजोर करता है।
ए] पंख कुंजी
बी] गिब हेड की
सी] वुड्रूफ़ कुंजी
डी] सैडल कुंजी
222] यूनिडायरेक्शनल टॉर्क ट्रांसमिट करने के लिए।
ए] पंख कुंजी
बी] गिब हेड की
सी] वुड्रूफ़ कुंजी
डी] सैडल कुंजी
223] भारी टोक़ संचारित करने के लिए।
ए] पंख कुंजी

बी] गिब हेड की

सी] वुड्रफ़ कुंजी

डी] सैडल कुंजी

224] रोटेशन की दोनों दिशाओं में प्रभाव प्रकार के बहुत उच्च टोक़ को संचारित करने के लिए।

ए] गिब हेड की

बी] वुड्रफ़ कुंजी

सी] सैडल कुंजी

डी] स्पर्शरेखा कुंजी

225] शाफ्ट पर चटाई के टुकड़े को खिसकाने या अक्षीय गति की अनुमति देता है।

ए] पंख कुंजी

बी] गिब हेड की

सी] वुड्रफ़ कुंजी

डी] सैडल कुंजी

226] आसानी से निकाला जा सकता है]

ए] पंख कुंजी

बी] गिब हेड की

सी] वुड्रफ़ कुंजी

डी] सैडल कुंजी

227] आधार के तल पर पिवट किया गया

ए] शेपर का क्लैपर बॉक्स

बी] घुमावहाथ

सी] पंजा और शाफ़्ट

डी] बैल गियर

228] फ़ीड तंत्र के लिए अभिप्रेत है

ए] शेपर का क्लैपर बॉक्स

बी] घुमाव हाथ

सी] पंजाऔरशाफ़्ट

डी] बैल गियर

229] रिटर्न स्ट्रोक के दौरान उपकरण को ऊपर उठाने में मदद करता है

ए] शेपरकाक्लैपरबॉक्स

बी] घुमाव हाथ

सी] पंजा और शाफ़्ट

डी] बैल गियर

230] पिनियन द्वारा संचालित

ए] शेपर का क्लैपर बॉक्स

बी] घुमाव हाथ

सी] पंजा और शाफ़्ट

डी] बैलगियर

231] कोणीय सतहों को आकार देते समय घुमाया जा सकता है

बी] क्लैपर ब्लॉक

सी] टूल पोस्ट

डी] हिंगेड पेन

ई] कुंडाआधार

232] यह काटने के उपकरण को पकड़ने और गहराई और कट की स्थिति निर्धारित करने के लिए एक उपकरण है

ए] क्लैपर बॉक्स

बी] क्लैपर ब्लॉक

सी] टूलपोस्ट

डी] हिंगेड पेन

233] वापसी स्ट्रोक के दौरान क्लैपर बॉक्स इसके चारों ओर घूमने के लिए स्वतंत्र है।

ए] क्लैपर बॉक्स

बी] क्लैपर ब्लॉक

सी] टूल पोस्ट

डी] हिंगेडपेन

234] टूल या टूल होल्डर को मजबूती से पकड़ता है

ए] क्लैपर बॉक्स

बी] क्लैपर ब्लॉक

सी] टूलपोस्ट

डी] हिंगेड पेन

235] वापसी स्ट्रोक के दौरान लिफ्ट

ए] क्लैपरबॉक्स

बी] क्लैपर ब्लॉक

सी] टूल पोस्ट

डी] हिंगेड पेन

236] इस भाग को बताकर प्राप्त की गई ऊर्ध्वाधर स्लाइड की गति।

डी] हिंगेड पेन

ई] कुंडा आधार

एफ] लंबवत स्लाइड
जी] फ़ीडस्क्रूहैंडल
237] यह काठी ढोता है
बी] घुमाव हाथ
सी] पंजा और शाफ़्ट
डी] बैल गियर
ई] क्रॉसरेल
238] यह बुल गियर फेस पर लगा होता है
ए] शेपर का क्लैपर बॉक्स
बी] घुमावहाथ
सी] पंजा और शाफ़्ट
डी] बैल गियर
239] यह रिटर्न स्ट्रोक के दौरान फिसल जाता है।
ए] शेपर का क्लैपर बॉक्स
बी] घुमाव हाथ
सी] पंजाऔरशाफ़्ट
डी] बैल गियर

औद्योगिक प्रशिक्षण संस्थान

मासिक टेस्ट-1, अंक- 20, दिनांक:- ____________________

(प्रत्येक प्रश्न दो अंक का होता है)

1-06] टेपर की शुद्धता की जांच आम तौर पर किसके द्वारा की जाती है...
ए] टेपर गेज
बी] गेज ब्लॉक
सी] संकेतक और ऊंचाई गेज
2-07] बाहरी टेपर की जाँच की जाती है
ए] प्लग गेज सीमित करें
बी] टेपर रिंग गेज
सी] टेपर प्लग गेज
डी] थ्रेड प्लग गेज]
3-08] 60 के लिए सटीकता के लिए थ्रेडिंग टूल की जाँच की जाती है? a . का उपयोग करके कोण
ए] थ्रेड प्लग गेज
बी] केंद्र गेज
सी] पेंच पिच गेज

डी] उपकरण कोण गेज

4-09] प्रति इंच धागों की संख्या की जाँच a . से की जा सकती है

ए] टूल गेज

बी] गिनती द्वारा मीट्रिक नियम

सी] रिंग गेज

डी] पेंच पिच गेज

5-10] एक टेपर की सटीकता की जांच आम तौर पर ...... के माध्यम से की जाती है।

ए] टेपर गेज

बी] गेज ब्लॉक

6- 11] बाहरी टेपर की जाँच की जाती है

ए] प्लग गेज सीमित करें

बी] टेपर रिंग गेज

सी] टेपर प्लग गेज

डी] थ्रेड प्लग गेज]

7-12] टेलीस्कोपिक गेज का उपयोग छेद और स्लॉट को मापने के लिए किया जाता है]

ए] 10 मिमी से 100 मिमी . तक

बी] 12 मिमी से 152 मिमी . तक

सी] 12.7 मिमी से 152.4 मिमी . तक

डी] उपरोक्त में से कोई नहीं]

8-13] छोटे छेद वाले गेज का उपयोग छेद और स्लॉट को मापने के लिए किया जाता है]

ए] 10 मिमी . से नीचे

बी] 12.7 मिमी . से नीचे

सी] 20 मिमी . से नीचे

डी] 20.7 मिमी से नीचे]

9-14] संख्या ड्रिल श्रृंखला के एक सेट में निम्नलिखित श्रेणियों में अभ्यास शामिल हैं] सही श्रेणी का संकेत दें

ए] 1 से 40

बी] 1 से 50

सी] 1 से 80

डी] 1 से 100

10-15] फीलर गेज का प्रयोग किया जाता है...

ए] सतह खुरदरापन की जाँच करना

बी] वर्कपीस की रेडियस की जांच

सी] संभोग भागों के बीच की खाई की जाँच करना

डी] होल लोकेटर की सटीकता की जांच

औद्योगिक प्रशिक्षण संस्थान

मासिक टेस्ट -2, अंक- 20, तिथि:- _______________

(प्रत्येक प्रश्न दो अंक का होता है)

1-21] निम्न में से कौन सा सेंटर ग्राइंडिंग का लाभ नहीं है?

ए] लोडिंग और अनलोडिंग के दौरान दुःख के टुकड़े को आसानी से संभालना

बी] लंबे काम के टुकड़ों को संभालना

सी] शाफ्ट और भंगुर काम के टुकड़े दोनों को संभाला जा सकता है

डी] कम पीसने की गति

2-22] सीधी भूमि की सतह को उपकरण और कटर ग्राइंडर द्वारा काटा जाता है ----------------

ए] सादा पहिया

बी] कप व्हील

सी] शंक्वाकार पहिया

डी] डिस्क व्हील

3-23] अनियमित, घुमावदार, पतला, उत्तल और अवतल सतहों को पीसने में, प्रयुक्त ग्राइंडर ~ . है

ए] बेलनाकार ग्राइंडर

बी] आंतरिक चक्की

सी] सतह की चक्की

डी] टूल और कटर ग्राइंडर]

4-24] मिलिंग कटर/ड्रिल/हॉब्स/ब्रोच टूल को शार्प करने के लिए किस प्रकार की ग्राइंडिंग मशीन का उपयोग किया जाता है?

ए] चकिंग]

बी] उपकरण और कटर

सी] केंद्र कम

डी] बेंच

5-25] मिलिंग कटर को शार्प करने के लिए टूल और कटर ग्राइंडर पर किस प्रकार के ग्राइंडिंग व्हील का उपयोग किया जाता है?

ए] सीधे कप व्हील

बी] जगमगाता हुआ कप पहिया

सी] डिश व्हील

डी] तश्तरी पहिया

6-26] .... का उपयोग मुख्य रूप से मिलिंग कटर और रीमर को तेज करने के लिए टूल और कटर ग्राइंडर पर किया जाता है

ए] सीधे कप

बी] हारिंग कप

सी] डिशो

डी] दोनों पक्षों को रिकवर किया

7-27] कटर पीसने के लिए हीरे के पहिये का उपयोग करते समय, 1600/मिमी की एक पहिया गति की सिफारिश की जाती है] कट की गहराई कितनी होनी चाहिए?]

ए] 0.005-0.025 मिमी

बी] 0.025-0.04 मिमी

सी] 0.04-0.05 मिमी

डी] 0.05-0.05 मिमी

8-28] निम्न में से कौन सी सटीक पीसने की मशीन है?

ए] पेडस्टल पीसने की मशीन

सी] बेलनाकार सतह और उपकरण और कटर पीसने की मशीन

बी] बेंच पीसने की मशीन

डी] हाथ पीसने की मशीन

9-29] TOOL और कटर को __________ द्वारा पुनः आकार दिया जाता है

ए] सतह पीसने की मशीन

बी] उपकरण और कटर पीसने की मशीन

सी] बेलनाकार पीसने की मशीन

डी] रोटरी पीसने की मशीन

10-30] एक उपकरण और कटर ग्राइंडर के उस हिस्से का नाम बताइए जिस पर व्हील हेड लगाया जा रहा है]

ए] बेस

बी] सैडल

सी] कॉलम

डी] टेबल

औद्योगिक प्रशिक्षण संस्थान

मासिक टेस्ट-3, अंक- 20, दिनांकः- ________________

(प्रत्येक प्रश्न दो अंक का होता है)

1-36] एक माइक्रोमीटर में 0.02 मिमी की सकारात्मक त्रुटि होती है] जब माइक्रोमीटर 25.41 मिमी मापता है तो सही रीडिंग क्या होती है?

ए] 25.37 मिमी

बी] 25.39 मिमी

सी] 25.43 मिमी

डी] 25.45 मिमी

2-37] निम्नलिखित में से किस माइक्रोमीटर में थिम्बल और स्लीव पर ग्रेजुएशन बाहरी माइक्रोमीटर के विपरीत दिशा में होते हैं?

ए] माइक्रोमीटर के अंदर

बी] गहराई माइक्रोमीटर

सी] ट्यूब माइक्रोमीटर

डी] निकला हुआ किनारा माइक्रोमीटर

3-38] माइक्रोमीटर __________ के सिद्धांत पर कार्य करता है

एक पेंच

बी] बोल्ट

सी] अध्ययन

डी] नट और पेंच

4-39] अंदर के सबसे छोटे माइक्रोमीटर में स्लीव पर ग्रेजुएशन अंकित होता है

ए] 10 मिमी

बी] 12 मिमी

सी] 13 मिमी

डी] 25 मिमी

5-40] डेप्थ माइक्रोमीटर का ग्रेजुएशन ---------- होता है

ए] थिम्बल और स्लीव दोनों के बाहरी माइक्रोमीटर के विपरीत दिशा में

बी] केवल आस्तीन के विपरीत दिशा में

C] केवल थिम्बल पर विपरीत दिशा में

डी] बाहरी माइक्रोमीटर के समान

6-41] स्प्लिन आदि काटने के लिए उपयोगी।

ए] गियर काटने का लगाव

बी] गोलाकार मोड़ लगाव

सी] लगाव से राहत]

डी] उपरोक्त में से कोई नहीं

7-42] मेटिंग गियर्स की इंटरसेक्टिंग कुल्हाड़ियों के बीच का कोण।

ए] परिशिष्ट कोण

बी] डेडेनडर्न कोण

सी] शाफ्ट कोण

डी] मूल कोण

8-43] दांत के स्थान की धुरी और मूल सतह के बीच का कोण।

ए] परिशिष्ट कोण

बी] डेडेनडर्न कोण

सी] शाफ्ट कोण

डी] मूल कोण

9-44] पिच कोन जनरेटर और दांत की नोक की सतह के बीच का कोण।

ए] परिशिष्ट कोण

बी] डेडेनडर्न कोण

सी] शाफ्ट कोण

डी] मूल कोण

10-45] पिच कोन जनरेटर और दांत की जड़ की सतह के बीच का कोण।

ए] परिशिष्ट कोण

बी] डेडेनडर्न कोण

सी] शाफ्ट कोण

डी] मूल कोण

औद्योगिक प्रशिक्षण संस्थान

मासिक टेस्ट -4, अंक- 20, दिनांक:- _______________

(प्रत्येक प्रश्न दो अंक का होता है)

1-51]] टेम्पलेट क्या है?

ए] काटने के संचालन में से एक

बी] फॉर्म टर्निंग में से एक

सी] नौकरी का एक ही आंकड़ा

डी] उपकरण में से एक

2-52] किस उद्देश्य से टेम्प्लेट का उपयोग किया जाता है?

ए] अंकन और जांच के लिए

बी] थ्रेडिंग के लिए

सी] मोड़ के लिए

डी] मापने के लिए

3-53] टेम्प्लेट बनाने के लिए किस सामग्री का उपयोग किया जाता है?

ए] एचसीएस] प्लेट

बी] विशेष उपकरण स्टील

सी] पीतल या तांबा

डी] जीआई] शीट या एमएस] पतली शीट

4-54] --------------- घटक के आकार की जाँच के लिए प्रयोग किया जाता है

टेम्पलेट
बी] स्नैप गेज
सी] उपकरण
डी] साइन बार
5-55] फेस कॉपी करने के लिए......] टाइप टेम्प्लेट का प्रयोग किया जाता है
ए] गोलाकार
बी] प्लेट प्रकार
सी] फ्लैट
डी] त्रिकोणीय
6-56] धुरी कार्य तालिका के लंबवत है
ए] क्षैतिज मिलिंग मशीन
बी] लंबवत मिलिंग मशीन
सी] यूनिवर्सल मिलिंग मशीन]
डी] खराद मशीन
7-57] टेबल को क्षैतिज तल में घुमाया जा सकता है
ए] क्षैतिज मिलिंग मशीन
बी] लंबवत मिलिंग मशीन
सी] यूनिवर्सल मिलिंग मशीन]
डी] खराद मशीन
8-58] स्पिंडल कार्य तालिका के लिए क्षैतिज है
ए] क्षैतिज मिलिंग मशीन
बी] लंबवत मिलिंग मशीन
सी] यूनिवर्सल मिलिंग मशीन]
डी] खराद मशीन
9-59] कठोर, मजबूत और भारी काम को समायोजित करने के लिए
ए] क्षैतिज मिलिंग मशीन
बी] लंबवत मिलिंग मशीन
सी] यूनिवर्सल मिलिंग मशीन]
डी] खराद मशीन
10-60] इस मशीन पर बोरिंग, की-वे कटिंग, प्रोफाइल मिलिंग की जा सकती है
ए] क्षैतिज मिलिंग मशीन
बी] लंबवत मिलिंग मशीन
सी] यूनिवर्सल मिलिंग मशीन]
डी] खराद मशीन

औद्योगिक प्रशिक्षण संस्थान

मासिक टेस्ट -5, अंक- 20, तिथि:- ______________

(प्रत्येक प्रश्न दो अंक का होता है)

1-66] इस रिएमर का उपयोग किया जाता है जहां फिनिश बहुत महत्वपूर्ण नहीं है।

ए] सॉलिड फ्लुटेड मशीन रीमर

बी] चकिंग रीमर

C] रोज़ रीमर

डी] शैल रीमर

2-67] इस राइमर के कई आकार एक टांग से संभाले जाते हैं]

ए] सॉलिड फ्लुटेड मशीन रीमर

बी] चकिंग रीमर

C] रोज़ रीमर

डी] शैल रीमर

3-68] सीधे/बाएं हाथ के हेलिक्स के साथ हैंड रीमर के समान।

ए] सॉलिड फ्लुटेड मशीन रीमर

बी] चकिंग रीमर

C] रोज़ रीमर

डी] शैल रीमर

4-69] जॉबर रीमर के समान लेकिन 'छोटी और गहरी बांसुरी' के साथ।

ए] सॉलिड फ्लुटेड मशीन रीमर

बी] चकिंग रीमर

C] रोज़ रीमर

डी] शैल रीमर

5-70] इसका दूसरा नाम जॉबर रीमर है]

ए] सॉलिड फ्लुटेड मशीन रीमर

बी] चकिंग रीमर

C] रोज़ रीमर

डी] शैल रीमर

6-71] यह रिमर इसके सिरे को काटने के लिए बनाया गया है]

ए] सॉलिड फ्लुटेड मशीन रीमर

बी] चकिंग रीमर

C] रोज़ रीमर

डी] शैल रीमर

7-72] एक छोटा रिएमर जिसमें एक आर्बर या मैंड्रेल के साथ प्रयोग किया जाता है, एक अक्षीय छेद होता है ---------- कहलाता है

ए] समानांतर रीमर

बी] एडजस्टेबल रीमर

C] एक्सपेंशन रीमर

डी] चकिंग रीमर

8-73] निम्नलिखित में से किस मशीन रीमर का उपयोग रीमर एक्सिस और वर्क एक्सिस के बीच मिसलिग्न्मेंट को ठीक करने के लिए किया जाता है?

ए] फ्लोटिंग ब्लेड रीमर

बी] मशीन जिग रीमर]

सी] शैल रीमर

डी] चकिंग रीमर

9-74] रीमर का उपयोग किसके लिए किया जाता है...

ए] पतली चादरों में ड्रिलिंग छेद

बी] गहरे छेद ड्रिलिंग

सी] गड़गड़ाहट हटाना

डी] छेद बढ़ाना और खत्म करना

10-75] रीमर के दांत असमान दूरी पर होते हैं क्योंकि...

ए] वे निर्माण में आसान हैं

बी] वे बकबक को कम कर सकते हैं

C] ये धातु को धीरे-धीरे काटने में मदद करते हैं

डी] वे आसानी से रिएमर को हटाने में मदद करते हैं

औद्योगिक प्रशिक्षण संस्थान

मासिक टेस्ट -6, अंक- 20, तिथि:- ______________

(प्रत्येक प्रश्न दो अंक का होता है)

1-81] जब ड्रिल का टेंपर शैंक मशीन स्पिंडल से बड़ा होता है, तो ड्रिल को होल्ड करने का उपकरण एक...

ए] ड्रिल आस्तीन

बी] टेपर सॉकेट

सी] ड्रिल बहाव

डी] चक और कुंजी

2-82] एक ड्रिलिंग मशीन में माइल्ड स्टील की ड्रिलिंग के लिए उपयुक्त कटिंग फ्लुइड है...

ए] सिंथेटिक घुलनशील तेल

बी] साफ तेल

सी] आसुत जल

डी] घुलनशील तेल

3-83] रेडियल ड्रिलिंग मशीन की एक विशेष विशेषता है...

ए] इसका उपयोग एचएसएस के साथ ड्रिलिंग के लिए किया जा सकता है] ड्रिल

बी] तालिका को किसी भी स्थिति में स्थानांतरित और सेट किया जा सकता है

सी] विभिन्न प्रकार की गति उपलब्ध है

डी] धुरी को किसी भी स्थिति में लाया जा सकता है

4-84] अभ्यास का बिंदु कोण निर्भर करता है...

ए] ड्रिल का आकार

बी] मशीन का प्रकार

सी] काम की सामग्री

डी] ड्रिल का आरपीएम

5-85] एक मानक ड्रिल के लिए बिंदु कोण है...

ए] 60?

बी] 108?

सी] 118?

डी] 135?

6-86] पेचदार कोण निर्धारित करता है...

ए] कटिंग एंगल

बी] कोण चबाना

सी] रेक कोण

डी] होंठ कोण

7-87] ड्रिल का क्लीयरेंस एंगल किसके बीच है...

ए] 3? 5 को?

बी] 8? 12 तक?

सी] 12? 20 तक?

डी] 15? 20 तक?

8-88] एक दूरस्थ स्थान में (बिजली उपलब्ध नहीं है) एक रेल ट्रैक को ड्रिल किया जाना है] सही ड्रिलिंग मशीन चुनें

ए] रेडियल ड्रिलिंग मशीन

बी] स्तंभ ड्रिलिंग मशीन

सी] शाफ़्ट ड्रिलिंग मशीन

डी] संवेदनशील ड्रिलिंग मशीन

9- 89] एक बढ़ई द्वारा कैबिनेट बनाने के लिए इस्तेमाल की जाने वाली ड्रिलिंग मशीन एक...

ए] शाफ़्ट ड्रिलिंग मशीन

बी] रेडियल ड्रिलिंग मशीन

सी] ब्रेस्ट ड्रिलिंग मशीन

डी] संवेदनशील ड्रिलिंग मशीन

10-90] निम्नलिखित में से कौन सी ड्रिलिंग मशीन का उपयोग ड्रिलिंग छेद के लिए किया जाता है जहां बिजली उपलब्ध नहीं है?

ए] बेंच ड्रिलिंग मशीन

बी] स्तंभ ड्रिलिंग मशीन

सी] रीडायल ड्रिलिंग मशीन

डी] शाफ़्ट ड्रिलिंग मशीन

औद्योगिक प्रशिक्षण संस्थान

मासिक टेस्ट-7, अंक- 20, दिनांक:- ________________

(प्रत्येक प्रश्न दो अंक का होता है)

1-96] 220 वोल्ट के प्रभावी मान के साथ साइन-वेव का शिखर आयाम कितना बड़ा है?

ए] 311 वी

बी] 380 वी

सी] 400 वी

डी] 440 वी

2-97] पीक-टू-पीक वोल्टेज 99V है] साइन वेव का प्रभावी मान कितना बड़ा है?

ए] 70 वी

बी] 44.5 वी

सी] 49.5 वी

डी] 35 वी

3-98] एक मूविंग कॉइल वाल्टमीटर 10 वी एसी पढ़ता है] प्रभावी वोल्टेज कितना बड़ा है?

एक उच्च

बी] निचला

सी] वही

डी] 10% अधिक

4-99] एक गतिमान लोहे का एमीटर 10 ए पढ़ता है] दोलन की चोटी की धारा कितनी बड़ी है?

ए] 7.07 ए

बी] 1.1414ए

सी] 70.7 ए

डी] 14.1 ए

5-100] 10 ओम के प्रतिरोध से 2 एम्पीयर की धारा प्रवाहित होती है] प्रतिरोध में बिखरी शक्ति बराबर होती है...

ए] 20 वाट

बी] 200 वाट

सी] 40 वाट

डी] 5 वाट

6-101] बिजली कंपनियां पावर फैक्टर में सुधार करने में रुचि रखती हैं

ए] लाइन करंट कम करें

बी] मोटर दक्षता में वृद्धि

C] वोल्ट-एम्पीयर बढ़ाएँ

डी] शक्ति में कमी

7-102] मूविंग कॉइल इंस्ट्रूमेंट किसके प्रभाव पर काम करता है...

ए] रासायनिक प्रभाव

बी] ताप प्रभाव

सी] इलेक्ट्रोस्टैटिक प्रभाव

डी] विद्युत चुम्बकीय प्रभाव

8-103] टेप पंच जिसमें 1 इंच चौड़ा टेप होता है, इसे द्वारा बनाया जाता है

ए] पेपर मायलारी

बी] एल्यूमिनियम माइलर

सी] प्लास्टिक

डी] सबसे ऊपर

9-104] पॉइंट टू पॉइंट पोजिशनिंग पोजिशनिंग सिस्टम में.........] स्वीकार्य है

ए] ओपन लूप कंट्रोल सिस्टम

बी] बंद लूप नियंत्रण प्रणाली

सी] दोनों के ऊपर

डी] उनमें से कोई नहीं

10-105] सीएनसी मशीन में ......

ए] लीड स्क्रू

बी] बॉल लीड स्क्रू

सी] दोनों के ऊपर

डी] दोनों में से कोई नहीं

औद्योगिक प्रशिक्षण संस्थान

मासिक टेस्ट -8, अंक- 20, तिथि:- ______________

(प्रत्येक प्रश्न दो अंक का होता है)

1-111] आवश्यक से पहले शून्य ऑफसेट के चयन के लिए............

ए] मशीन टेबल पर कटर तय किया गया है।

बी] डेटा मशीन में दर्ज किया गया।

C] मशीन टेबल पर जॉब फिक्स है।

डी] मशीन के संचालन से पहले आवश्यक गति और फ़ीड चयन।

2-112] जीरो ऑफ़सेट प्रोग्राम में इंगित करता है ....] निम्नलिखित का कोड

ए] एक्स yz

बी] X0 y0 z00

सी] X10 Y20 Z30

डी] जी71

3-113] कार्य शून्य है

ए] नौकरी की स्थिति पर मशीन का डेटा शून्य।

बी] X0Y0Z0 द्वारा इंगित करें।

सी] कार्यक्रम के अनुसार नौकरी पर बिंदु का चयन।

डी] मशीनिंग बिंदु का अंत

4-114] एम कमांड का उपयोग ऑपरेशन शुरू करने और पूर्ण क्रांति चक्र एम03 मतलब के लिए किया जाता है।

ए] कार्यक्रम बंद करो।

बी] कार्यक्रम पूरा और रीसेट।

सी] कार्यक्रम को पूरा करें।

डी] धुरी दक्षिणावर्त गति।

5-115] सीएनसी मशीन मैन्युअल रूप से संचालित नहीं है, यह ...... द्वारा नियंत्रित है।

एक कार्यक्रम

बी] ऑपरेशन

सी] कैम

डी] प्लग बोर्ड सिस्टम

6-116] सीएनसी मशीन में M13 का अर्थ है

ए] कूलेंट स्टॉप

बी] शीतलक चालू

सी] स्पिंडल स्टॉप

डी] कूलेंट ऑन और स्पिंडल ऑन

7-117] सीएनसी मशीन में पावर पैक का कार्य।

ए] स्नेहक गर्मी के संतुलन के लिए।

बी] स्नेहक की बढ़ती गर्मी के लिए।

सी] स्नेहक की गर्मी को नष्ट करने के लिए।

डी] सबसे ऊपर।

8-118] सीएनसी मशीन बिस्तर का खंड है.....

फ्लैट

बी] आधा दौर

सी] आयताकार

डी] त्रिकोणीय

9-119] निम्नलिखित में से कौन सा कथन सीएनसी मशीन का नुकसान है।

ए] कम निरीक्षण शुल्क।

बी] कम टूलींग चार्ज।

सी] उत्पादन दर बढ़ाएँ।

डी] उच्च स्थापना शुल्क।

10-120] पॉइंट टू पॉइंट सिस्टम किसके लिए अधिक प्रभावी है......

ए] टर्निंग

बी] प्रोफाइल मिलिंग

सी] पीस

डी] ड्रिलिंग

औद्योगिक प्रशिक्षण संस्थान

मासिक टेस्ट-9, अंक- 20, दिनांक:- ____________________

(प्रत्येक प्रश्न दो अंक का होता है)

1-126] शीतलक के लिए सीएनसी कार्यक्रम में उपयोग किए जाने वाले निम्न विविध कार्यों में से एक

ए] एम08

बी] M09

सी] एम 10

डी] एम 11

2-127] कूलेंट ऑफ के लिए उपयोग किए जाने वाले सीएनसी प्रोग्राम में नीचे दिए गए विविध कार्यों में से एक

ए] एम 11

बी] एम 10

सी] एम 9

डी] एम 15

3-128] सीएनसी प्रोग्राम में मशीन टेबल पर जॉब को क्लैंप करने के लिए किस विविध फ़ंक्शन का उपयोग किया जाता है।

ए] M09

बी] एम 10

सी] एम 11

डी] एम 15

4-129] सीएनसी प्रोग्राम में नीचे दिए गए विविध कार्यों में से एक का उपयोग नौकरी को खोलने के लिए किया जाता है

ए] एम 11

बी] एम 15

सी] एम 30

डी] एम 60

5- 130] सीएनसी प्रोग्राम में वर्कपीस के परिवर्तन के लिए किस विविध फ़ंक्शन का उपयोग किया जाता है

ए] एम 30

बी] एम 60

सी] एम68

डी] एम78

6-131] सीएनसी मशीन पर शून्य ऑफ-सेटिंग के लिए मशीन .... है।

ए] एमडीआई मोड में

बी] जॉग मोड में

सी] स्वचालित मोड में

डी] वर्तमान मोड में

7-132] एनसी मशीन पर फीड रेट ......कोड द्वारा दर्शाया जाता है।

ए] एक्स

द्वारा

सी] एफ

डी] ज़ू

8-133] अक्ष की स्थिति ....कोड द्वारा इंगित की जाती है।

ए] एक्स, वाई, जेड

बी] पी, क्यू, आर

सी] ए, बी, सी

डी] एम, एन, ओ

9-134] सीएनसी ड्रिलिंग मशीन चालू है.......एक्सिस प्रोग्राम किया गया।
ए] दो अक्ष
बी] तीन अक्ष
सी] चार अक्ष
डी] छह अक्ष
10-135] सीएनसी की कंट्रोल यूनिट में ....यूनिट से निर्देश एकत्र करें
ए] मशीन टूल
बी] निर्देश
सी] चुंबकीय बॉक्स
डी] मेमोरी

औद्योगिक प्रशिक्षण संस्थान

मासिक टेस्ट-10, अंक- 20, दिनांक:- ___________________

(प्रत्येक प्रश्न दो अंक का होता है)

1-141] सीएनसी मशीन का मतलब......
ए] प्राकृतिक नियंत्रण मशीन
बी] वायवीय नियंत्रण मशीन
सी] संख्यात्मक नियंत्रण मशीन
डी] नो कमांड मशीन
2-142] न्यूमेटिक पावर सिस्टम के किस लाभ के बाद
ए] उत्पादन दर बढ़ाने के लिए।
बी] लेआउट के लिए कम नकद
सी] काम के लिए अच्छा माहौल
डी] सबसे ऊपर
3-143] फेस कॉपी करने के लिए......] टाइप टेम्प्लेट का उपयोग किया जाता है
ए] गोलाकार
बी] प्लेट प्रकार
सी] फ्लैट
डी] त्रिकोणीय
4-144]............ सीएनसी मशीन का मुख्य सिद्धांत है?
ए] सभी राज्यों को संख्या में इंगित करें
बी] मशीन पर यांत्रिक नियंत्रण के लिए अधिक समय की आवश्यकता है।
सी] काटने की गति मैन्युअल नियंत्रण से अधिक है।
D] वर्कशॉप में प्रोडक्शन सीक्वेंस मशीन में ब्लॉक नंबर द्वारा स्टोर किया जाता है।
5-145] एक शाफ्ट की कॉपी के लिए............टाइप टेम्पलेट का उपयोग किया जाता है।

ए] गोलाकार

बी] त्रिकोणीय

सी] फ्लैट्स

डी] स्क्वायर

6-146] सतत पथ का लक्षण है

ए] गिनती प्रणाली कहा जाता है।

बी] अंतर संबंधित गति के लिए समन्वय अक्ष पर उपकरण और कार्य टुकड़ा।

सी] कटर फ़ीड और गति की सेटिंग द्वारा

डी] सबसे ऊपर

7-147] विविध कमांड M30 का अर्थ है ......

ए] कार्यक्रम का अंत और रीसेट

बी] प्रोग्राम स्टॉप

सी] धुरी की दक्षिणावर्त गति

डी] कार्यक्रमों को पूरा करें

8-148] जिसके बाद मिलिंग सतह पर असर पड़ता है, जबकि अनसेटिंग स्पिंडल वर्टिकल मिलिंग मशीन के साथ मिलिंग - अनुदैर्ध्य फ़ीड।

ए] उत्तल सतह

बी] अवतल सतह

सी] त्रिज्या क्रॉस लाइन

डी] किसी न किसी सतह

9-149] 12 मिमी व्यास मिल कटर के साथ ऊर्ध्वाधर मिलिंग मशीन द्वारा मिलिंग करते समय माइल्ड स्टील प्लेट पर स्लॉट प्रदान करें, कटर सो रहा है और इस गलती के लिए टूट गया है कि इससे कैसे बचा जाए।

ए] हाई स्पीड स्पिंडल

बी] कम काटने की गति

सी] कट गहराई में वृद्धि

डी] कटर की गहराई और फ़ीड कम

10-100] पेंच की 5 मिमी पिच और 40 : 1 के विभाजन अनुपात वाले मिलिंग मशीन की सीसा क्या है

ए] 0.25 मिमी

बी] 5 मिमी

सी] 8 मिमी

डी] 200 मिमी

मासिक टेस्ट-11, अंक- 20, दिनांकः- ____________________

(प्रत्येक प्रश्न दो अंक का होता है)

1-151] यदि बैकलैश एलिमिनेटर स्लैप कटर का उपयोग डाउन मिलिंग ऑपरेशन के लिए नहीं किया जाता है तो किस सुरक्षा का ध्यान रखना चाहिए?

ए] कम सीसा और गहराई

बी] उच्च नेतृत्व

सी] उच्च सीसा और कम गहराई

डी] उच्च नेतृत्व और उच्च गति

2-152] जीरो ऑफ़सेट के बीच की दूरी है.....] और......

ए] जी41 और जी42

B] मशीन जीरो और वर्क जीरो

सी] संदर्भ बिंदु और टैपिंग मोड

डी] उनमें से कोई नहीं

3-153] फ़ीड दर जी के साथ मिमी प्रति मिनट के रूप में क्रमादेशित है ....] और मिमी प्रति-जी के साथ क्रांति।

ए] जी41 और जी42

बी] जी 43 और जी 40

सी] जी 94 और जी95

डी] उनमें से कोई नहीं

4-154] सीएनसी कंट्रोल यूनिट में सभी निर्देशों को एकत्र करने के लिए.......]

स्मृति

बी] टेप रीडर

सी] नियंत्रण कक्ष

डी] ऑपरेटर

5-155] सीएनसी ड्रिलिंग मशीन वाई अक्ष के आगे और पीछे नियंत्रण के लिए ....

ए] स्पिंडल

बी] टेबल

सी] दक्षिणावर्त

डी] कॉलम

6-156] एम 01 कमांड का मतलब है.....

ए] कार्यक्रमों को रोकने के लिए

बी] कार्यक्रम का अंत और रीसेट

सी] कार्यक्रम की स्थिति को रोकना

डी] मशीन स्पिंडल के दक्षिणावर्त रोटेशन

7-157] सीएनसी मशीन की स्थापना अमेरिकी वैज्ञानिक जॉन पर्सन ने ......] वर्ष में की है

ए] 1950

बी] 1952

सी] 1955

डी] 1957

8-158] सीएनसी मशीन को कमांड करने के लिए प्रयुक्त इकाई का नाम।

ए] नियंत्रण इकाई

बी] मेमोरी यूनिट

सी] इनपुट यूनिट

डी] आउटपुट यूनिट

9-159] सीएनसी मशीन में डेटा को संसाधित करने के लिए प्रयुक्त इकाई का नाम।

ए] मेमोरी यूनिट

बी] नियंत्रण इकाई

सी] इनपुट यूनिट

डी] आउटपुट यूनिट

10-160] सीएनसी मशीन में डेटा को स्टोर करने के लिए प्रयुक्त इकाई का नाम।

ए] इनपुट यूनिट

बी] नियंत्रण इकाई

सी] मेमोरी यूनिट

डी] आउटपुट यूनिट

औद्योगिक प्रशिक्षण संस्थान

मासिक टेस्ट-12, अंक- 20, दिनांक:- ____________________

(प्रत्येक प्रश्न दो अंक का होता है)

1-161] सीएनसी मशीन में डेटा की गणना के लिए प्रयुक्त इकाई का नाम।

ए] आउटपुट यूनिट

बी] अंकगणित इकाई

सी] मेमोरी यूनिट

डी] इनपुट यूनिट

2-162] सीएनसी मशीन में प्रसंस्करण डेटा के परिणाम प्रदर्शित करने के लिए प्रयुक्त इकाई का नाम

ए] अंकगणित इकाई

बी] आउटपुट यूनिट

सी] मेमोरी यूनिट

डी] इनपुट यूनिट

3-163] सीएनसी मशीन में सर्वो मोटर का उपयोग .... के लिए किया जाता है।

ए] मशीन स्पिंडल पर टूल बदलना

बी] ड्राइविंग मशीन स्पिंडल

सी] मशीन स्पिंडल पर फिक्सिंग जॉब

डी] धुरी पर काम साबित करना

4-164] सीएनसी मशीन के नीचे के हिस्से में से एक धुरी पर उपकरण बदलने के लिए प्रयोग किया जाता है।

ए] सर्वो मोटर

बी] नियंत्रण कक्ष

सी] स्वचालित उपकरण परिवर्तक एटीसी

डी] हाई स्पीड स्पिंडल

5-165] सीएनसी मिलिंग श्रेणी में निम्न में से एक सीएनसी मशीन है.......

ए] चकिंग सेंटर

बी] सीएनसी देर से

सी] लंबवत मशीनिंग केंद्र

6-171] बोलो तैयारी समारोह में से एक जी 00 का उपयोग सीएनसी प्रोग्राम में .... के लिए किया जाता है।

ए] रैखिक अंतर्वेशन या सीधी रेखा में फ़ीड गति।

बी] दक्षिणावर्त वृत्ताकार प्रक्षेप

सी] पॉइंट टू पॉइंट पोजिशनिंग या रैपिड मोशन।

डी] काउंटर क्लॉकवाइज सर्कुलर इंटरपेलेशन

7-172] 3डी इंटरपेलेशन के लिए सीएनसी प्रोग्राम में उपयोग किए जाने वाले बोलो प्रिपरेटरी फंक्शन में से एक

ए] जी 05

बी] जी12

सी] जी17

डी] जी18

8-173] थ्रेड कटिंग निरंतर लीड के लिए सीएनसी प्रोग्राम में आपके द्वारा उपयोग की जाने वाली बोलो तैयारी में से एक

ए] जी33

बी] जी40

सी] जी 53

डी] जी 62

9-174] टैपिंग ऑपरेशन के लिए सीएनसी प्रोग्राम में उपयोग किए जाने वाले बोलो तैयारी समारोह में से एक।

ए] जी-40

बी] जी 53

सी] जी 62

डी] जी 63

10-175] मिलिंग ऑपरेशन के लिए सीएनसी प्रोग्राम में उपयोग किए जाने वाले निम्न प्रारंभिक कार्य में से एक।

ए] जी 62

बी] जी 63

सी] जी 78, 79

डी] जी81

www.ingramcontent.com/pod-product-compliance
Ingram Content Group UK Ltd.
Pitfield, Milton Keynes, MK11 3LW, UK
UKHW021933200726
13853UKWH00010B/743

9 798888 497869